Torturi Delicioase

Bucurii Îndulcite de la A la Z

Elena Radu

Cuprins

Prajituri de cartofi 12

Fursecuri cu stafide 13

Fursecuri cu melasa 14

Biscuiti cu melasa ghimbir 15

Sultana Scones 16

Prajituri cu melasa din cereale integrale 17

Fursecuri cu iaurt 18

Prajituri cu branza 19

Biscuiți cu plante întregi 20

Prajituri cu salam si branza 21

Biscuiti întregi 22

Barbadian Conkies 23

Fursecuri prajite de Craciun 24

Prajituri cu faina de porumb 25

fritjelii 26

Gogoși 27

Clatite cu cartofi 28

Pâine naan 29

Bannocks cu fulgi de ovăz 30

Mize 31

Prajituri care cad usor 32

Scones de arțar 33

Prajituri cu branza la gratar 34

Clătite speciale scoțiene 35

Clatite scotch cu fructe 36

Clatite scotch cu portocale 37

Cântă Hinny 38

prăjituri galeze 39

Clatite galeze 40

Pâine de porumb picant mexican 41

pâine suedeză 42

Pâine de secară și porumb aburit 43

Pâine de porumb aburită 44

Chapatis complet 45

Puris Complete 46

Fursecuri cu migdale 47

Bucle de migdale 48

Inele de migdale 49

Biscuiti mediteraneeni de migdale 50

Prajituri cu migdale si ciocolata 51

Biscuiți Amish cu fructe și nuci 52

Prajituri cu anason 52

Fursecuri cu banane, fulgi de ovaz si suc de portocale 54

Cookie-uri de bază 55

Biscuiti crocante cu tarate 56

Prajituri cu tarate de susan 57

Fursecuri cu rachiu cu chimen 58

Brandy Snaps 59

Prajituri cu unt 60

Biscuiți cu unt 61

Biscuiti cu caramel 62

Biscuiti cu morcovi si nuci 63

Prajituri cu portocale din morcovi si nuci 64

Fursecuri cu cireșe 66

Inele de cireșe și migdale 67

Biscuiti cu unt de ciocolata 68

Rulouri de ciocolată și cireșe 69

Prăjituri cu ciocolată 70

Prajituri cu ciocolata si banane 71

Ciocolata si nuci 72

Biscuiți americani cu ciocolată 73

Creme de ciocolata 74

Prajituri de ciocolata si alune 75

Prajituri cu ciocolata si nucsoara 76

Prăjituri cu ciocolată 77

Prajituri cu cafea si ciocolata 78

prajituri de Craciun 80

Fursecuri cu nucă de cocos 82

Biscuiti de porumb cu crema de fructe 83

Biscuiți din Cornish 85

Biscuiți cu coacăze din cereale integrale 86

Fursecuri tip sandwich cu curmale 87

Biscuiți digestivi (biscuiți Graham) 88

Prajituri de Paste 89

florentini 90

Florentini de ciocolată 91

Florentini de ciocolată de lux 92

Prajituri cu fondant de nuca 93

Biscuiti glazurati germani 94
Biscuiti cu ghimbir 95
Biscuiti cu ghimbir 96
omul de turtă dulce 97
Biscuiti cu ghimbir din cereale integrale 98
Biscuiți cu ghimbir și orez 99
Prajituri aurii 100
Fursecuri cu alune 101
Prajituri crocante cu alune 102
Fursecuri cu alune si migdale 103
Fursecuri cu miere 104
Ratafie cu miere 105
Fursecuri cu miere de lapte 106
Biscuiti cu unt de lamaie 107
fursecuri cu lamaie 108
Momente de topire 109
Fursecuri cu musli 110
Fursecuri cu nuci 111
Prajituri crocante cu nuca 112
Prajituri crocante cu scortisoara si nuca 113
Biscuiti din fulgi de ovaz cu stafide 114
Fursecuri picante cu fulgi de ovaz 115
Fursecuri integrale cu fulgi de ovaz 116
Prajituri cu portocale 117
Prajituri cu portocale si lamaie 118
Prajituri cu portocale si nuca 119
Biscuiti cu portocale cu ciocolata 120

Fursecuri picante cu portocale	121
Biscuiti cu unt de arahide	122
Unt de arahide și vârtej de ciocolată	123
Prajituri cu unt de arahide si fulgi de ovaz	124
Unt de arahide cu miere si nuca de cocos	125
Biscuiți pecan	126
Prajituri la moara	127
Prajituri Rapide cu Zara	128
Fursecuri cu stafide	129
Fursecuri umede cu stafide	130
Felii de stafide și melasă	131
Biscuiti Ratafia	132
Prajituri cu orez si musli	133
Creme de romi	134
Prajituri scurte	135
Fursecuri cu smantana	136
Biscuiti cu zahar brun	137
Biscuiti cu zahar si nucsoara	138
patiserie de Crăciun	139
Produse de patiserie cu miere	140
Aluat de lămâie	141
Aluat crocant din carne tocată	142
Biscuiti cu nuci	143
Aluat de portocale	144
Produse de patiserie gustoase pentru un om bogat	145
Ovăz integral	147
Vârtej de migdale	148

Bezele de ciocolată 149

Cookie 150

Fursec glazurat cu ghimbir 151

Biscuiți Shrewsbury 152

Biscuiți spanioli cu condimente 153

Biscuiți cu condimente de modă veche 154

Fursecuri cu melasa 155

Melasa, prajituri cu caise si nuca 156

Melasa si prajituri cu lapte de unt 157

Melasa si biscuiti de cafea 158

Melasa si prajituri cu curmale 159

Biscuiți cu melasă și ghimbir 160

Fursecuri cu vanilie 161

Fursecuri cu nuci 162

Prajituri crocante 163

Fursecuri cheddar 164

Fursecuri cu brânză albastră 165

Fursecuri cu brânză și susan 166

Paiele de brânză 167

Biscuiți cu brânză și roșii 168

brânză de capră 169

Rulouri cu sunca si mustar 170

Biscuiti cu sunca si boia 171

Fursecuri simple cu ierburi 172

biscuiți indieni 173

Biscuiti casanti cu alune si salota 174

Biscuiti cu somon si marar 175

Fursecuri cu sifon...176
Frigarui de rosii si parmezan...177
Biscuiți cu roșii și ierburi..178
Pâine albă de bază 179
Covrigi 180
baps 181
Pâine cremoasă de orz 182
pâine de bere...183
Pâine brună Boston 184
ghivece cu tarate 185
Chifle cu unt...187
Pâine cu zară..188
Pâine de porumb canadian...189
Rulouri Cornish 190
Pâine plată de țară...191
Impletitura de mac de tara 193
Pâine de țară din cereale integrale..194
impletituri curry...195
Devon se desparte 197
Pâine cu germeni de grâu cu fructe..198
Impletituri din lapte de fructe 199
pâine de grânar..201
Chifle de grânar 202
Pâine cu cereale cu alune 203
Grissini 204
Harvest Braid 205
Pâine cu lapte 207

Pâine cu fructe cu lapte 208
pâinea de dimineață 209
Pâine pentru brioșe 210
Azime 211
aluat de pizza 212
O ureche de ovăz 213
Farl de fulgi de ovaz 214
Pâine Pitta 215
Pâine brună rapidă 216
Pâine moale de orez 217
Pâine de orez și migdale 218
Biscuiți crocanți 219

Prajituri de cartofi

Dă 12

2 oz/¼ cană/50 g unt sau margarină

225 g/8 oz/2 căni de făină auto-crescătoare (auto-crescătoare)

Vârf de cuțit de sare

175 g/6 oz/¾ cană piure de cartofi gătiți

60 ml/4 linguri de lapte

Frecați untul sau margarina în făină și sare. Amestecați piureul de cartofi și suficient lapte pentru a face un aluat moale. Se intinde pe o plansa tapata cu faina pana la o grosime de aproximativ 2,5 cm si se taie rondele cu ajutorul unui taietor. Pune fursecurile pe o tava de copt unsa usor si coace in cuptorul preincalzit la 200°C/400°F/termostat 6 timp de 15-20 minute pana se rumenesc usor.

Fursecuri cu stafide

Dă 12

75 g/3 oz/½ cană stafide

225 g/8 oz/2 căni de făină simplă (universal)

2,5 ml/½ linguriță de sare

15 ml/1 linguriță praf de copt

25 g/1 oz/2 linguri zahăr pudră (foarte fin)

2 oz/¼ cană/50 g unt sau margarină

120 ml/4 fl oz/½ cană smântână unică (ușoară)

1 ou bătut

Înmuiați stafidele în apă fierbinte timp de 30 de minute, apoi scurgeți-le. Se amestecă ingredientele uscate și apoi se amestecă untul sau margarina. Amestecați smântâna și oul și faceți un aluat moale. Împărțiți în trei bile, apoi întindeți-le la aproximativ 1/2 inch grosime și puneți-le pe o tavă de copt unsă. Tăiați fiecare în patru. Coaceți fursecurile într-un cuptor preîncălzit la 230°C/450°F/termostat 8 timp de aproximativ 10 minute până devin aurii.

Fursecuri cu melasa

Dă 10

225 g/8 oz/2 căni de făină simplă (universal)

10 ml/2 linguriţe praf de copt

2,5 ml/½ linguriţă. scorţişoară măcinată

2 oz/50 g/¼ cană unt sau margarină, tăiate cubuleţe

25 g/1 oz/2 linguri zahăr pudră (foarte fin)

30 ml/2 linguri melasă (melasă)

150 ml/¼ pt/2/3 cană lapte

Se amestecă făina, praful de copt şi scorţişoara. Frecaţi untul sau margarina, apoi adăugaţi zahărul, melasa şi suficient lapte pentru a face un aluat moale. Întindeţi-l la ½ inch/1 cm grosime şi folosiţi o tăietură pentru biscuiţi pentru a tăia rondele de 2/5 cm. Se pun fursecurile pe o tava unsa cu unt si se coace in cuptorul preincalzit la temperatura de 220 °C/425 °F/termostat 7 timp de 10-15 minute, pana cand au crescut bine si aurii.

Biscuiti cu melasa ghimbir

Dă 12

400 g/14 oz/3 ½ căni de făină simplă (universal)

50 g/2 oz/½ cană făină de orez

5 ml/1 lingurita bicarbonat de sodiu (bicarbonat de sodiu)

2,5 ml/½ lingurita crema de tartru

10 ml/2 linguri. ghimbir de pamant

2,5 ml/½ linguriță de sare

10 ml/2 linguri. zahăr pudră (foarte fin)

2 oz/¼ cană/50 g unt sau margarină

30 ml/2 linguri melasă (melasă)

300 ml/½ punct/1¼ cană lapte

Amestecați ingredientele uscate împreună. Frecați untul sau margarina până când amestecul seamănă cu pesmet. Se amestecă melasă și suficient lapte pentru a face un aluat flexibil, dar nu lipicios. Se framanta usor pe o plansa infainata, se intinde si se taie cercuri cu diametrul de 7,5 cm. Pune fursecurile pe o tava unsa cu unt si unge-le cu laptele ramas. Coaceți în cuptorul preîncălzit la 220°C/425°F/termostat 7 timp de 15 minute până când crește și devin aurii.

Sultana Scones

Dă 12

225 g/8 oz/2 căni de făină simplă (universal)

Vârf de cuțit de sare

2,5 ml/½ linguriță bicarbonat de sodiu (bicarbonat de sodiu)

2,5 ml/½ lingurita crema de tartru

2 oz/¼ cană/50 g unt sau margarină

25 g/1 oz/2 linguri zahăr pudră (foarte fin)

50 g/2 oz/1/3 cană stafide (stafide aurii)

7,5 ml/½ lingură suc de lămâie

150 ml/¼ pt/2/3 cană lapte

Se amestecă făina, sarea, bicarbonatul de sodiu și crema de tartru. Frecați untul sau margarina până când amestecul seamănă cu pesmet. Se amestecă zahărul și stafidele. Se amestecă sucul de lămâie în lapte și se amestecă treptat ingredientele uscate până se formează un aluat flexibil. Se framanta usor, apoi se intinde la o grosime de aproximativ 1 cm si se taie cu ajutorul unui cutter in cercuri de 5 cm/2. Pune fursecurile pe o tava unsa cu unt si coace in cuptorul preincalzit la 230°C/450°F/termostat 8 timp de aproximativ 10 minute, pana cand au crescut bine si aurii.

Prajituri cu melasa din cereale integrale

Dă 12

100 g/4 oz/1 cană făină de grâu integral (grâu integral)

100 g/4 oz/1 cană făină simplă (universal)

25 g/1 oz/2 linguri zahăr pudră (foarte fin)

2,5 ml/½ lingurita crema de tartru

2,5 ml/½ linguriță bicarbonat de sodiu (bicarbonat de sodiu)

5 ml/1 lingurita. amestec de condimente (plainta cu mere)

2 oz/¼ cană/50 g unt sau margarină

30 ml/2 linguri melasă (melasă)

3½ fl oz/6½ linguriță/100 ml lapte

Se amestecă ingredientele uscate şi apoi se amestecă untul sau margarina. Încălziţi melasa şi apoi amestecaţi-o în ingrediente cu suficient lapte pentru a obţine o pastă netedă. Se intinde pe o tabla tapata cu faina la o grosime de 1 cm/½ si se taie rondele cu ajutorul unui taietor. Aşezaţi fursecurile pe o tavă de copt unsă şi unsă cu făină şi ungeţi-le cu lapte. Coaceţi în cuptorul preîncălzit la 190°C/375°F/termostat 5 timp de 20 de minute.

Fursecuri cu iaurt

Dă 12

200 g/7 oz/1¾ cani de făină simplă (universal)

25 g/1 oz/¼ cană făină de orez

10 ml/2 linguriţe praf de copt

Vârf de cuţit de sare

15 ml/1 lingură zahăr granulat (foarte fin)

2 oz/¼ cană/50 g unt sau margarină

150 ml/¼ pt/2/3 cană iaurt simplu

Se amestecă făina, praful de copt, sarea şi zahărul. Frecaţi untul sau margarina până când amestecul seamănă cu pesmet. Amestecaţi iaurtul pentru a obţine un aluat moale, dar nu lipicios. Se intinde pe o tabla tapata cu faina pana la o grosime de aproximativ ¾/2 cm si se taie in rondele de 2/5 cm cu ajutorul unui taietor. Se aseaza pe o tava unsa cu unt si se coace in cuptorul preincalzit la 200°C/400°F/termostat 6 pentru aproximativ 15 minute, pana cand a crescut bine si se rumeneste.

Prajituri cu branza

Dă 12

225 g/8 oz/2 căni de făină simplă (universal)

2,5 ml/½ linguriță de sare

15 ml/1 linguriță praf de copt

2 oz/¼ cană/50 g unt sau margarină

100 g brânză cheddar rasă

150 ml/¼ pt/2/3 cană lapte

Se amestecă făina, sarea și praful de copt. Frecați untul sau margarina până când amestecul seamănă cu pesmet. Se amestecă brânza. Adăugați treptat lapte pentru a obține un aluat moale. Se framanta usor, apoi se intinde la o grosime de aproximativ 1 cm si se taie cu ajutorul unui cutter in cercuri de 5 cm/2. Pune fursecurile pe o tava unsa cu unt si coace in cuptorul preincalzit la 220 °C/425 °F/termostat 7 timp de 12-15 minute, pana cand cresc bine si devin aurii deasupra. Serviți cald sau rece.

Biscuiți cu plante întregi

Dă 12

100 g/4 oz/½ cană unt sau margarină

175 g/6 oz/1 ¼ cani făină de grâu integral (grâu integral)

50 g/2 oz/½ cană făină simplă (universal)

10 ml/2 lingurițe praf de copt

30 ml/2 linguri. linguri de salvie proaspătă tocată sau cimbru

150 ml/¼ pt/2/3 cană lapte

Frecați untul sau margarina în făină și praful de copt până când amestecul seamănă cu pesmet. Se amestecă ierburile și suficient lapte pentru a obține un aluat moale. Se framanta usor, apoi se intinde la o grosime de aproximativ 1 cm si se taie cu ajutorul unui cutter in cercuri de 5 cm/2. Pune fursecurile pe o tava unsa cu unt si unge blatul cu lapte. Coaceți în cuptorul preîncălzit la 220°C/425°F/termostat 7 timp de 10 minute până când crește și devine auriu.

Prajituri cu salam si branza

Pentru 4 persoane

2 oz/¼ cană/50 g unt sau margarină

225 g/8 oz/2 căni de făină auto-crescătoare (auto-crescătoare)

Vârf de cuțit de sare

2 oz/50 g salam, tocat

75 g brânză cheddar rasă

75 ml/5 linguri de lapte

Frecați untul sau margarina în făină și sare până când amestecul seamănă cu pesmet. Se amestecă salamul și brânza, apoi se adaugă laptele și se amestecă pentru a forma un aluat moale. Formați o rotundă de 20 cm și aplatizați ușor. Pune fursecurile pe o tavă de copt unsă și coace în cuptorul preîncălzit la 220°C/425°F/termostat 7 timp de 15 minute până devin aurii.

Biscuiti întregi

Dă 12

175 g/6 oz/1½ cani făină de grâu integral (grâu integral)

50 g/2 oz/½ cană făină simplă (universal)

15 ml/1 linguriță praf de copt

Vârf de cuțit de sare

2 oz/¼ cană/50 g unt sau margarină

50 g/2 oz/¼ cană zahăr pudră (foarte fin)

150 ml/¼ pt/2/3 cană lapte

Se amestecă făina, praful de copt și sarea. Frecați untul sau margarina până când amestecul seamănă cu pesmet. Se amestecă zahărul. Adăugați treptat lapte pentru a obține un aluat moale. Se framanta usor, apoi se intinde la o grosime de aproximativ 1 cm si se taie cu ajutorul unui cutter in cercuri de 5 cm/2. Pune fursecurile pe o tava unsa cu unt si coace in cuptorul preincalzit la 230°C/450°F/termostat 8 pentru aproximativ 15 minute, pana cand cresc si devin maro auriu. Se serveste fierbinte.

Barbadian Conkies

Dă 12

350 g dovleac, ras

225 g/8 oz cartof dulce, ras

1 nucă de cocos mărunțită mare sau 8 oz/225 g 2 căni de nucă de cocos deshidratată (mărunțită)

350 g/12 oz/1½ cani de zahar brun moale

5 ml/1 lingurita. piper măcinat (plăcintă cu mere)

5 ml/1 lingurita. nucsoara rasa

5 ml/1 lingurita de sare

5 ml/1 lingurita. esență de migdale (extract)

100 g/4 oz/2/3 cană stafide

350 g/12 oz/3 căni făină de porumb

100 g/4 oz/1 cană de făină auto-crescătoare

6 oz/¾ cană/175 g unt sau margarină, topit

300 ml/½ punct/1¼ cană lapte

Se amestecă dovleacul, cartofii dulci și nuca de cocos. Adăugați zahăr, piper, sare și esență de migdale. Adăugați stafidele, mălaiul și făina și amestecați bine. Amestecați untul topit sau margarina cu laptele și amestecați ingredientele uscate până se combină. Adăugați aproximativ 60 ml/4 linguri. amestecați într-un pătrat de folie, având grijă să nu umpleți prea mult. Îndoiți folia într-un mănunchi, astfel încât să fie înfășurată frumos și să nu rămână amestecul expus. Repetați cu restul amestecului. Fierbeți conkurile pe un grătar peste o oală cu apă clocotită timp de aproximativ 1 oră, până când sunt tari și fierte. Serviți cald sau rece.

Fursecuri prajite de Craciun

Dă 40

2 oz/¼ cană/50 g unt sau margarină

100 g/4 oz/1 cană făină simplă (universal)

2,5 ml/½ linguriță. cardamom măcinat

25 g/1 oz/2 linguri zahăr pudră (foarte fin)

15 ml/1 linguriță smântână dublă (groasă)

5 ml/1 lingurita. coniac

1 ou mic bătut

Ulei pentru prajit

Zahăr pudră (pentru cofetărie) pentru stropire

Frecați untul sau margarina în făină și cardamom până când amestecul seamănă cu pesmet. Se adaugă zahărul, apoi se adaugă smântâna și țuica și suficiente ouă pentru a face un amestec destul de tare. Acoperiți și lăsați la rece timp de 1 oră.

Se întinde pe o placă cu făină la ¼/5 mm grosime și se taie în fâșii de 10 x 2,5 cm/4 x 1 cu ajutorul unui tăietor de prăjituri.Tăiați o fante în centrul fiecărei fâșii cu un cuțit ascuțit. Trageți un capăt al benzii prin fantă pentru a face o jumătate de arc. Prajiti fursecurile in loturi in ulei incins timp de aproximativ 4 minute pana devin aurii si umflati. Se lasa sa se scurga pe hartie absorbanta (prosop de hartie) si se serveste presarata cu zahar pudra.

Prajituri cu faina de porumb

Dă 12

100 g/4 oz/1 cană de făină auto-crescătoare

100 g/4 oz/1 cană făină de porumb

5 ml/1 linguriță praf de copt

15 g/½ oz/1 lingură zahăr pudră (foarte fin)

2 oua

375 ml/13 fl oz/1½ cani de lapte

60 ml/4 linguri ulei

Ulei pentru prăjire superficială

Se amestecă ingredientele uscate și se face un godeu în mijloc. Bateți ouăle, laptele și uleiul măsurat și amestecați cu ingredientele uscate. Încinge puțin ulei într-o tigaie mare (tigaie) și prăjește (fierbe) 60 ml/4 linguri. aluat până când apar bule deasupra. Întoarceți și gătiți pe cealaltă parte. Se scoate din tava si se tine la cald in timp ce continui cu restul de aluat. Se serveste fierbinte.

fritjelii

Dă 8

15 g/½ oz drojdie proaspătă sau 20 ml/4 linguri. drojdie uscata

5 ml/1 lingurita. zahăr pudră (foarte fin)

300 ml/½ punct/1¼ cană lapte

1 ou

2¼ căni/9 oz/250 g făină simplă (universal)

5 ml/1 lingurita de sare

Ulei lubrifiant

Amestecați drojdia și zahărul cu puțin lapte pentru a face o pastă, apoi amestecați restul de lapte și oul. Adăugați lichidul în făină și sare și amestecați pentru a obține un aluat gros și cremos. Se acopera si se lasa la loc cald timp de 30 de minute pana isi dubleaza volumul. Se încălzește un grătar sau un grătar (tigaie) și se unge ușor. Puneți 7,5 cm/3 în cercuri pe tavă. (Dacă nu aveți inele de copt, tăiați cu grijă partea de sus și de jos a unei tigăi mici.) Turnați cești de amestec pe inele și gătiți aproximativ 5 minute, până când părțile inferioare se rumenesc și blaturile sunt stricate. Repetați cu restul amestecului. O servim la gratar.

Gogoși

Dă 16

300 ml/½ punct/1¼ cană lapte fierbinte

15 ml/1 lingură de drojdie uscată

175 g/6 oz/¾ cană zahăr pudră (foarte fin)

450 g/1 lb/4 căni de făină tare (pâine).

5 ml/1 lingurita de sare

2 oz/¼ cană/50 g unt sau margarină

1 ou bătut

Ulei pentru prajit

5 ml/1 lingurita. scorțișoară măcinată

Se amestecă laptele cald, drojdia, 5 ml/1 lingură. zahăr și 100 g/ 4 oz/ 1 cană făină. Se lasa la loc caldut 20 de minute pana devine spumoasa. Combinați făina rămasă, ¼ cană/2 oz/50 g zahăr și sare într-un castron și frecați untul sau margarina până când amestecul seamănă cu pesmet. Adauga amestecul de ou si drojdie si amesteca bine pana se omogenizeaza. Acoperiți și lăsați la loc cald timp de 1 oră. Se amestecă din nou și se întinde până la o grosime de ½ inch/2 cm. Folosiți un tăietor pentru biscuiți pentru a tăia rondele de 8 cm și tăiați centrele folosind un tăietor de 4 cm.

Se aseaza pe o tava unsa cu unt si se lasa la dospit 20 de minute. Se încălzește uleiul până când aproape că fumează, apoi se prăjesc gogoșile câteva minute până se rumenesc. Scurgeți bine. Puneți zahărul și scorțișoara rămase în pungă și agitați gogoșile în pungă până sunt bine acoperite.

Clatite cu cartofi

Dă 24

15 ml/1 lingură de drojdie uscată

60 ml/4 linguri de apă călduță

25 g/1 oz/2 linguri zahăr pudră (foarte fin)

25 g/1 oz/2 linguri untură (grăsime)

1,5 ml/¼ linguriță sare

75 g/3 oz/1/3 cană piure de cartofi

1 ou bătut

120 ml/4 fl oz/½ cană lapte fiert

300 g/10 oz/2½ căni de făină tare (pâine).

Ulei pentru prajit

Zahăr granulat pentru stropire

Se dizolvă drojdia în apă călduță cu o linguriță de zahăr și se lasă să facă spumă. Amestecați untura, zahărul rămas și sarea. Amestecați cartofii, drojdia, oul și laptele, apoi amestecați treptat făina și amestecați până la omogenizare. Se rastoarna pe o tabla tapata cu faina si se amesteca bine. Se aseaza intr-un bol uns cu unt, se acopera cu folie alimentara (folia de plastic) si se lasa la loc cald aproximativ 1 ora pana isi dubleaza volumul.

Se amestecă din nou și apoi se întinde până la 1 cm/½ grosime. Tăiați inele de 8 cm cu un tăietor de prăjituri, apoi tăiați centrele cu un tăietor de prăjituri de 4 cm/1½" pentru a face gogoși. Se lasă la dospit până își dublează volumul. Se încălzește uleiul și se prăjesc gogoșile până devin aurii. Se presară zahăr și se lasă să se facă. răcire.

Pâine naan

Dă 6

2,5 ml/½ linguriță drojdie uscată

60 ml/4 linguri de apă călduță

350 g/12 oz/3 căni de făină simplă (universal)

10 ml/2 lingurițe praf de copt

Vârf de cuțit de sare

150 ml/¼ pt/2/3 cană iaurt simplu

Unt topit pentru uns

Se amestecă drojdia și apa călduță și se lasă la loc cald timp de 10 minute până devine spumoasă. Amestecați amestecul de drojdie cu făina, praful de copt și sarea, apoi amestecați-l în iaurt și faceți un aluat moale. Se framanta pana nu se mai lipeste. Se pune intr-un bol uns cu ulei, se acopera si se lasa la dospit 8 ore.

Împărțiți aluatul în șase părți și întindeți-l în ovale de aproximativ ¼/5 mm grosime. Se aseaza pe o tava unsa cu unt si se unge cu unt topit. Grătiți (grear) sub grătar mediu (broiler) timp de aproximativ 5 minute până se umflă ușor, apoi întoarceți și ungeți cealaltă parte cu unt și grătar încă 3 minute până devine ușor auriu.

Bannocks cu fulgi de ovăz

Dă 4

100 g/4 oz/1 cană fulgi de ovăz laminat mediu

2,5 ml/½ linguriță de sare

Un praf de bicarbonat de sodiu (bicarbonat de sodiu)

10 ml/2 lingurite ulei

60 ml/4 lingurițe de apă fierbinte

Amestecați ingredientele uscate într-un bol și faceți un godeu în mijloc. Amestecați uleiul și suficientă apă pentru a face un aluat tare. Se răstoarnă pe o masă ușor înfăinată și se frământă până se omogenizează. Se rulează la aproximativ ¼/5 mm grosime, se bagă marginile și apoi se taie rondele. Se încălzește o grătar sau o tigaie cu fundul greu (tigaie) și se prăjesc (la abur) bananele timp de aproximativ 20 de minute, până când colțurile încep să se onduleze. Întoarceți și gătiți pe cealaltă parte timp de 6 minute.

Mize

Dă 8

10 ml/2 linguriță drojdie proaspătă sau 5 ml/1 linguriță drojdie uscată

5 ml/1 lingurita. zahăr pudră (foarte fin)

300 ml/½ punct/1¼ cană lapte

1 ou

225 g/8 oz/2 căni de făină simplă (universal)

5 ml/1 lingurita de sare

Ulei lubrifiant

Amestecați drojdia și zahărul cu puțin lapte pentru a face o pastă, apoi amestecați restul de lapte și oul. Adăugați lichidul în făină și sare și amestecați până la o pastă fină. Se acopera si se lasa la loc cald timp de 30 de minute pana isi dubleaza volumul. Se încălzește un grătar sau un grătar (tigaie) și se unge ușor. Turnați ceștile de amestec în tigaie și gătiți aproximativ 3 minute până când partea inferioară este maro aurie, apoi întoarceți și gătiți aproximativ 2 minute pe cealaltă parte. Repetați cu restul amestecului.

Prajituri care cad usor

Dă 15

100 g/4 oz/1 cană de făină auto-crescătoare

Vârf de cuțit de sare

15 ml/1 lingură zahăr granulat (foarte fin)

1 ou

150 ml/¼ pt/2/3 cană lapte

Ulei lubrifiant

Se amestecă făina, sarea şi zahărul şi se face un godeu în mijloc. Adaugam oul si incorporam treptat oul si laptele pana se formeaza o pasta fina. Se încălzeşte o tigaie mare (tigaie) şi se unge uşor. Când aluatul este fierbinte, aruncaţi linguri de aluat în tavă pentru a face cercuri. Coaceţi aproximativ 3 minute până când prăjiturile sunt umflate şi aurii pe fund, apoi întoarceţi şi coaceţi cealaltă parte. Se serveşte fierbinte sau călduţă.

Scones de arțar

Dă 30

200 g/7 oz/1¾ cani de făină auto-crescătoare

25 g/1 oz/¼ cană făină de orez

10 ml/2 lingurițe praf de copt

25 g/1 oz/2 linguri zahăr pudră (foarte fin)

Vârf de cuțit de sare

15 ml/1 lingurita sirop de artar

1 ou bătut

200 ml/7 fl oz/mic 1 cană lapte

Ulei de floarea soarelui

2 oz/¼ cană/50 g unt sau margarină, înmuiată

15 ml/1 lingura de nuci tocate marunt

Se amestecă făina, praful de copt, zahărul şi sarea şi se face un godeu în mijloc. Adăugați siropul de arțar, oul şi jumătate din lapte şi bateți până se omogenizează. Se amestecă restul de lapte pentru a face o pastă groasă. Se încălzeşte puțin ulei într-o tigaie (tigaie) şi apoi se toarnă. Turnați linguri de aluat în tigaie şi prăjiți (prăjiți) până când partea inferioară este maro aurie. Întoarceți şi gătiți celelalte părți. Scoateți din tigaie şi păstrați la cald în timp ce prăjiți fursecurile rămase. Pasați untul sau margarina cu nucile şi acoperiți prăjiturile calde cu untul aromat pentru a servi.

Prajituri cu branza la gratar

Dă 12

25 g/1 oz/2 linguri. linguri de unt sau margarină, înmuiate

100 g/4 oz/½ cană brânză de vaci

5 ml/1 lingurita. arpagic proaspăt tocat

2 oua batute

1½ oz/40 g/1/3 cană făină simplă (universal)

15 g/½ oz/2 linguri făină de orez

5 ml/1 linguriță praf de copt

15 ml/1 lingura de lapte

Ulei lubrifiant

Bateți toate ingredientele cu excepția uleiului până la o pastă groasă. Încinge puțin ulei într-o tigaie (tigaie), apoi scurge excesul. Prăjiți (fierbeți) amestecul lingură cu lingură până când partea inferioară este aurie. Întoarceți fursecurile și prăjiți-le pe cealaltă parte. Scoateți din tigaie și păstrați la cald în timp ce prăjiți fursecurile rămase

Clătite speciale scoțiene

Dă 12

100 g/4 oz/1 cană făină simplă (universal)

10 ml/2 linguri. zahăr pudră (foarte fin)

5 ml/1 lingurita de acid tartric

2,5 ml/½ linguriță de sare

2,5 ml/½ linguriță bicarbonat de sodiu (bicarbonat de sodiu)

1 ou

5 ml/1 lingurita. sirop de aur (porumb ușor)

120 ml/4 fl oz/½ cană lapte fierbinte

Ulei lubrifiant

Se amestecă ingredientele uscate și se face un godeu în mijloc. Bateți oul cu siropul și laptele și amestecați cu făina până obțineți un aluat foarte gros. Acoperiți și lăsați să stea aproximativ 15 minute până când amestecul face bule. Încingeți o tigaie mare sau cu fundul greu și ungeți-o ușor. Puneți aluatul în linguri mici pe tigaie și prăjiți pe o parte aproximativ 3 minute până ce partea inferioară devine maro aurie, apoi întoarceți-l și gătiți pe cealaltă parte aproximativ 2 minute. În timp ce gătiți restul aluatului, înfășurați clătitele într-un prosop cald (torchon). Se serveste racit si uns cu unt, la gratar sau prajit (abur).

Clatite scotch cu fructe

Dă 12

100 g/4 oz/1 cană făină simplă (universal)

10 ml/2 linguri. zahăr pudră (foarte fin)

5 ml/1 lingurita de acid tartric

2,5 ml/½ linguriță de sare

2,5 ml/½ linguriță bicarbonat de sodiu (bicarbonat de sodiu)

100 g/4 oz/2/3 cană stafide

1 ou

5 ml/1 lingurita. sirop de aur (porumb ușor)

120 ml/4 fl oz/½ cană lapte fierbinte

Ulei lubrifiant

Se amestecă ingredientele uscate și stafidele și se face un godeu în centru. Bateți oul cu siropul și laptele și amestecați cu făina până obțineți un aluat foarte gros. Acoperiți și lăsați să stea aproximativ 15 minute până când amestecul face bule. Încingeți o tigaie mare sau cu fundul greu și ungeți-o ușor. Puneți aluatul în linguri mici pe tigaie și prăjiți pe o parte aproximativ 3 minute până ce partea inferioară devine maro aurie, apoi întoarceți-l și gătiți pe cealaltă parte aproximativ 2 minute. În timp ce gătiți restul, înfășurați clătitele într-un prosop cald (torchon). Se serveste racit si uns cu unt, la gratar sau prajit (abur).

Clatite scotch cu portocale

Dă 12

100 g/4 oz/1 cană făină simplă (universal)

10 ml/2 linguri. zahăr pudră (foarte fin)

5 ml/1 lingurita de acid tartric

2,5 ml/½ linguriță de sare

2,5 ml/½ linguriță bicarbonat de sodiu (bicarbonat de sodiu)

10 ml/2 linguri. coaja de portocala rasa

1 ou

5 ml/1 lingurita. sirop de aur (porumb ușor)

120 ml/4 fl oz/½ cană lapte fierbinte

Câteva picături de esență de portocale (extract)

Ulei lubrifiant

Se amestecă ingredientele uscate și coaja de portocală și se face un godeu în centru. Batem oul cu siropul, laptele si esenta de portocale si amestecam cu faina pana se formeaza un aluat foarte gros. Acoperiți și lăsați să stea aproximativ 15 minute până când amestecul face bule. Încingeți o tigaie mare sau cu fundul greu și ungeți-o ușor. Puneți aluatul în linguri mici pe tigaie și prăjiți pe o parte aproximativ 3 minute până ce partea inferioară devine maro aurie, apoi întoarceți-l și gătiți pe cealaltă parte aproximativ 2 minute. În timp ce gătiți restul, înfășurați clătitele într-un prosop cald (torchon). Se serveste racit si uns cu unt, la gratar sau prajit (abur).

Cântă Hinny

Dă 12

225 g/8 oz/2 căni de făină simplă (universal)

2,5 ml/½ linguriță de sare

2,5 ml/½ linguriță praf de copt

50 g/2 oz/¼ cană untură (grăsime)

2 oz/¼ cană/50 g unt sau margarină

100 g/4 oz/2/3 cană coacăze

120 ml/4 fl oz/½ cană lapte

Ulei lubrifiant

Amestecați ingredientele uscate împreună, apoi amestecați untura și untul sau margarina până când amestecul seamănă cu pesmet. Se amestecă coacăzele și se face un godeu în mijloc. Amestecați suficient lapte pentru a face un aluat tare. Se întinde pe o placă ușor făinată la aproximativ ½ inch/1 cm grosime și se înțeapă deasupra cu o furculiță. Încingeți o tigaie sau tigaie cu fund gros și ungeți-o ușor. Gătiți tortul aproximativ 5 minute până când partea inferioară este maro aurie, apoi întoarceți și gătiți cealaltă parte aproximativ 4 minute. Se serveste in jumatate si se unge cu unt.

prăjituri galeze

Pentru 4 persoane

225 g/8 oz/2 căni de făină simplă (universal)

5 ml/1 linguriță praf de copt

2,5 ml/½ linguriță. piper măcinat (plăcintă cu mere)

2 oz/¼ cană/50 g unt sau margarină

50 g/2 oz/¼ cană untură (grăsime)

75 g/3 oz/1/3 cană zahăr pudră (foarte fin)

50 g/2 oz/1/3 cană coacăze

1 ou bătut

30-45 ml/2-3 linguri de lapte

Se amestecă făina, praful de copt și condimentele într-un bol. Frecați untul sau margarina și untura până când amestecul seamănă cu pesmet. Se amestecă zahărul și coacăzele. Amestecați oul și suficient lapte pentru a face un aluat tare. Se intinde pe o tabla tapata cu faina la o grosime de ¼/5 mm si se taie rondele de 3/7,5 cm. Coaceți pe o foaie de copt unsă aproximativ 4 minute pe fiecare parte până devin aurii.

Clatite galeze

Dă 12

175 g/6 oz/1½ cani de făină simplă (universal)

2,5 ml/½ lingurita crema de tartru

2,5 ml/½ linguriță bicarbonat de sodiu (bicarbonat de sodiu)

50 g/2 oz/¼ cană zahăr pudră (foarte fin)

25 g/1 oz/2 linguri de unt sau margarină

1 ou bătut

120 ml/4 fl oz/½ cană lapte

2,5 ml/½ linguriță oțet

Ulei lubrifiant

Se amestecă ingredientele uscate și se adaugă zahăr. Ungeti cu unt sau margarina si faceti o fantana in mijloc. Amestecați oul și laptele suficient pentru a obține o pastă netedă. Se amestecă oțetul. Încingeți o tigaie sau tigaie cu fund gros și ungeți-o ușor. Se toarnă linguri mari de aluat în tigaie și se prăjește (prăjește) aproximativ 3 minute, până când partea inferioară este maro aurie. Întoarceți și gătiți pe cealaltă parte aproximativ 2 minute. Se serveste fierbinte si unse cu unt.

Pâine de porumb picant mexican

Face 8 role

225 g/8 oz/2 căni de făină auto-crescătoare (auto-crescătoare)

5 ml/1 linguriță pudră de chili

2,5 ml/½ linguriță bicarbonat de sodiu (bicarbonat de sodiu)

200 g/7 oz/1 cutie mică de porumb dulce cremă (porumb)

15 ml/1 lingură pastă de curry

8 fl oz/1 cană iaurt simplu

Ulei pentru prăjire superficială

Se amestecă făina, praful de chili și bicarbonatul de sodiu. Adăugați celelalte ingrediente cu excepția uleiului și amestecați un aluat omogen. Se răstoarnă pe o masă ușor înfăinată și se amestecă ușor până se omogenizează. Tăiați în opt bucăți și rulați fiecare într-un cerc de 13 cm. Se încălzește uleiul într-o tigaie cu fundul greu (tigaie) și se prăjește (se prăjește) pâinea de porumb timp de 2 minute pe fiecare parte, până când se rumenește și se umflă ușor.

pâine suedeză

Dă 4

225 g/8 oz/2 căni de făină de grâu integral (grâu integral)

225 g/8 oz/2 căni de făină de secară sau orz

5 ml/1 lingurita de sare

Aproximativ 250 ml/8 fl oz/1 cană apă călduţă

Ulei lubrifiant

Amestecaţi făina şi sarea într-un bol, apoi adăugaţi treptat apă până obţineţi un aluat tare. În funcţie de făina pe care o folosiţi, este posibil să aveţi nevoie de puţină mai multă sau mai puţină apă. Bateţi bine până când amestecul părăseşte părţile laterale ale vasului, apoi întoarceţi-l pe o masă uşor înfăinată şi frământaţi timp de 5 minute. Împărţiţi aluatul în patru părţi şi întindeţi-l la o grosime de 20 cm/8 cercuri. Se încălzeşte o grătar sau o tigaie mare şi se unge uşor. Prăjiţi (prăjiţi) câte una sau două pâini timp de aproximativ 15 minute pe fiecare parte, până se rumenesc.

Pâine de secară și porumb aburit

Face o pâine de 9"/23 cm

175 g/6 oz/1½ cani de făină de secară

175 g/6 oz/1½ cani făină de grâu integral (grâu integral)

100 g/4 oz/1 cană de ovăz rulat

10 ml/2 lingurite bicarbonat de sodiu (bicarbonat de sodiu)

5 ml/1 lingurita de sare

450 ml/¾ pt/2 cesti lapte

175 g/6 oz/½ cană melasă neagră

10 ml/2 lingurite suc de lamaie

Se amestecă făina, ovăzul, bicarbonatul de sodiu și sarea. Se încălzește laptele, melasa și sucul de lămâie până se încălzește, apoi se amestecă în ingredientele uscate. Se toarnă într-un vas de budincă de 23 cm uns și se acoperă cu folie de aluminiu mototolită. Puneți într-o cratiță mare și umpleți până la jumătate cu apă fierbinte. Acoperiți și gătiți timp de 3 ore, adăugând apă clocotită dacă este necesar. Lăsați să stea peste noapte înainte de servire.

Pâine de porumb aburită

Face două pâini de 1 lb/450 g

175 g/6 oz/1½ cani de făină simplă (universal)

225 g/8 oz/2 cesti faina de porumb

15 ml/1 linguriță praf de copt

Vârf de cuțit de sare

3 oua

45 ml/3 linguri de ulei

150 ml/¼ pt/2/3 cană lapte

300 g/11 oz conserve de porumb dulce (porumb), scurs și piure

Se amestecă făina, mălaiul, praful de copt și sarea. Bateți ouăle, uleiul și laptele și apoi amestecați în ingredientele uscate împreună cu porumbul dulce. Se toarnă în două tavi unse de 450 g/1 lb și se așează într-o tigaie mare umplută cu suficientă apă clocotită pentru a ajunge la jumătatea părților laterale ale tigăilor. Acoperiți și gătiți timp de 2 ore, adăugând mai multă apă clocotită dacă este necesar. Se lasă la răcit în tigăi înainte de a se scoate din formă și a se felia.

Chapatis complet

Dă 12

225 g/8 oz/2 căni de făină de grâu integral (grâu integral)

5 ml/1 lingurita de sare

150 ml/¼ pt/2/3 cani de apa

Amestecați făina și sarea într-un bol, apoi adăugați treptat apă până obțineți un aluat tare. Împărțiți-l în 12 și întindeți-l subțire pe o masă înfăinată. Se unge o tigaie sau o tigaie cu fund gros și se prăjesc (prăjesc) câteva chapate pe rând la foc mic până devin aurii pe dedesubt. Întoarceți și gătiți cealaltă parte până se rumenește ușor. Păstrați chapatis cald în timp ce prăjiți restul. Dacă doriți, serviți cu unt pe o parte.

Puris Complete

Dă 8

100 g/4 oz/1 cană făină de grâu integral (grâu integral)

100 g/4 oz/1 cană făină simplă (universal)

2,5 ml/½ linguriță de sare

25 g/1 oz/2 linguri. lingura de unt sau margarina, topit

150 ml/¼ pt/2/3 cani de apa

Ulei pentru prajit

Se amestecă făina și sarea și se face un godeu în mijloc. Se toarnă unt sau margarină. Adăugați treptat apă, amestecând până obțineți un aluat tare. Frământați timp de 5 până la 10 minute, apoi acoperiți cu un prosop umed și lăsați să se odihnească timp de 15 minute.

Împărțiți aluatul în optimi și rulați fiecare într-o bilă subțire de 5 inchi/13 cm diametru. Într-o tigaie mare cu fundul greu, încălziți uleiul și prăjiți (prăjiți) purisul câte unul sau doi până când este umflat, crocant și auriu. Se lasa sa se scurga pe hartie absorbanta (prosop de hartie).

Fursecuri cu migdale

Dă 24

100 g/4 oz/½ cană unt sau margarină, înmuiată

50 g/2 oz/¼ cană zahăr pudră (foarte fin)

100 g/4 oz/1 cană de făină auto-crescătoare

25 g/1 oz/¼ cană migdale măcinate

Câteva picături de esență de migdale (extract)

Bateți untul sau margarina și zahărul împreună până devine ușor și pufos. Muncați făina, migdalele măcinate și esența de migdale într-un amestec tare. Formați bile mari de mărimea unei nuci și puneți-le pe o tavă de copt unsă, apoi apăsați ușor cu o furculiță pentru a se aplatiza. Coaceți biscuiții într-un cuptor preîncălzit la 180°C/350°F/termostat 4 timp de 15 minute până devin aurii.

Bucle de migdale

Dă 30

100 g/4 oz/1 cană migdale felii (tocate)

100 g/4 oz/½ cană unt sau margarină

100 g/4 oz/½ cană zahăr pudră (foarte fin)

30 ml/2 linguri de lapte

15-30 ml/1-2 linguri făină simplă (universal)

Pune migdalele, untul sau margarina, zaharul si laptele intr-o cratita cu 15 ml/1 lingura de faina. Se încălzește ușor, amestecând până când se combină, adăugând făina rămasă după cum este necesar pentru a menține amestecul împreună. Se aseaza lingurile bine distantate pe o tava unsa cu faina si se coace in cuptorul preincalzit la 180 °C/termostat 4 timp de 8 minute pana devin aurii. Lăsați-le să se răcească pe tava de copt aproximativ 30 de secunde, apoi formați bucle în jurul mânerului unei linguri de lemn. Dacă sunt prea reci pentru a le modela, dați-le la cuptor pentru câteva secunde pentru a se încălzi înainte de a modela restul.

Inele de migdale

Dă 24

100 g/4 oz/½ cană unt sau margarină, înmuiată

100 g/4 oz/½ cană zahăr pudră (foarte fin)

1 ou, separat

225 g/8 oz/2 căni de făină simplă (universal)

5 ml/1 linguriță praf de copt

5 ml/1 lingurita. coaja de lamaie rasa

50 g/2 oz/½ cană migdale felii (tocate)

Zahăr pudră (superfin) pentru stropire

Bateți untul sau margarina și zahărul împreună până devine ușor și pufos. Amestecați treptat gălbenușul de ou, apoi făina, praful de copt și coaja de lămâie, terminând cu mâinile până când amestecul se oprește. Întindeți până la 5 mm grosime și folosiți un tăietor pentru biscuiți pentru a tăia 2¼/6 cm rondele, apoi tăiați centrele cu ajutorul unui tăietor de 2 cm. Așezați fursecurile bine depărtate pe o foaie de copt unsă și înțepați-le cu o furculiță. Coaceți în cuptorul preîncălzit la 180°C/350°F/termostat 4 timp de 10 minute. Se unge cu albus, se presara migdale si zahar si apoi se dau la cuptor inca 5 minute pana devin aurii.

Biscuiti mediteraneeni de migdale

Dă 24

2 oua, separate

175 g/6 oz/1 cană de zahăr pudră (pentru cofetari), cernut

10 ml/2 linguriţe praf de copt

Coaja rasă de la ½ lămâie

Câteva picături de esenţă de vanilie (extract)

400 g migdale măcinate

Bateţi gălbenuşurile şi un albuş cu zahărul până devin palid şi pufos. Adăugaţi toate ingredientele rămase şi amestecaţi un aluat tare. Rulaţi în bile de mărimea unei nuci şi aşezaţi-le pe o tavă de copt unsă (prăjituri), apăsaţi uşor pentru a se aplatiza. Coaceţi în cuptorul preîncălzit la 180°C/350°F/termostat 4 timp de 15 minute, până când devin aurii şi crăpate la suprafaţă.

Prajituri cu migdale si ciocolata

Dă 24

2 oz/¼ cană/50 g unt sau margarină, înmuiată

75 g/3 oz/1/3 cană zahăr pudră (foarte fin)

1 ou mic bătut

100 g/4 oz/1 cană făină simplă (universal)

2,5 ml/½ linguriță praf de copt

25 g/1 oz/¼ cană migdale măcinate

25 g/1 oz/¼ cană ciocolată netedă (semidulce), rasă

Bateți untul sau margarina și zahărul împreună până devine ușor și pufos. Lucrați treptat oul și apoi celelalte ingrediente pentru a obține un aluat destul de tare. Dacă amestecul este prea umed, mai adăugați puțină făină. Înfășurați în folie alimentară (folie de plastic) și dați la frigider pentru 30 de minute.

Rulați aluatul într-o formă de cilindru și tăiați-l în felii groase de 1 cm/½ inch. Puneți bine separat pe o foaie de copt unsă și coaceți în cuptorul preîncălzit la 190°C/375°F/termostat 5 timp de 10 minute.

Biscuiți Amish cu fructe și nuci

Dă 24

100 g/4 oz/½ cană unt sau margarină, înmuiată

175 g/6 oz/¾ cană zahăr pudră (foarte fin)

1 ou

75 ml/5 linguri de lapte

75 g/3 oz/¼ cană melasă neagră

2¼ căni/9 oz/250 g făină simplă (universal)

10 ml/2 lingurițe praf de copt

15 ml/1 lingurita scortisoara macinata

10 ml/2 lingurite bicarbonat de sodiu (bicarbonat de sodiu)

2,5 ml/½ linguriță nucșoară rasă

50 g / 2 oz / ½ cană fulgi de ovăz laminat mediu

50 g/2 oz/1/3 cană stafide

25 g/1 oz/¼ cană nuci amestecate tocate

Bateți untul sau margarina și zahărul împreună până devine ușor și pufos. Se adauga treptat oul, apoi laptele si melasa. Adăugați celelalte ingrediente și amestecați un aluat tare. Se mai adauga putin lapte daca amestecul este prea tare pentru a fi lucrat, sau putina faina daca este prea lipicios; textura va varia in functie de faina folosita. Întindeți aluatul la o grosime de aproximativ 5 mm/¼ și tăiați-l în cercuri cu ajutorul unui tăietor. Puneți pe o tavă unsă cu uns și coaceți în cuptorul preîncălzit la 180°C/350°F/termostat 4 timp de 10 minute până devin aurii.

Prajituri cu anason

Dă 16

175 g/6 oz/¾ cană zahăr pudră (foarte fin)

2 albusuri

1 ou

100 g/4 oz/1 cană făină simplă (universal)

5 ml/1 lingurita. anason măcinat

Bate zahărul, albuşul şi oul timp de 10 minute. Se adauga treptat faina si anasonul. Turnaţi amestecul într-o formă(e) de tort de 450g/1lb şi coaceţi într-un cuptor preîncălzit la 180°C/350°F/termostat 4 timp de 35 de minute, până când o scobitoare introdusă în centru iese curată. Scoateţi din tigaie şi tăiaţi în felii de 1 cm/½ inch. Aşezaţi biscuiţii pe marginea lor pe foaia de copt unsă şi daţi înapoi la cuptor pentru încă 10 minute, răsturnând la jumătate.

Fursecuri cu banane, fulgi de ovaz si suc de portocale

Dă 24

100 g/4 oz/½ cană unt sau margarină, înmuiată

100 g de banane coapte piure

120 ml/4 fl oz/½ cană suc de portocale

4 albusuri, batute usor

10 ml/2 linguri. esență de vanilie (extract)

5 ml/1 lingurita. coaja de portocala rasa fin

225 g/8 oz/2 căni de ovăz

225 g/8 oz/2 căni de făină simplă (universal)

5 ml/1 lingurita bicarbonat de sodiu (bicarbonat de sodiu)

5 ml/1 lingurita. nucsoara rasa

Vârf de cuțit de sare

Bateți untul sau margarina până se înmoaie, apoi adăugați bananele și sucul de portocale. Combinați albușurile, esența de vanilie și coaja de portocală, apoi amestecați în amestecul de banane, urmat de ingredientele rămase. Puneți linguri pe foile de copt (biscuiți) și coaceți în cuptorul preîncălzit la 180°C/350°F/termostat 4 timp de 20 de minute până devin aurii.

Cookie-uri de bază

Dă 40

100 g/4 oz/½ cană unt sau margarină, înmuiată

100 g/4 oz/½ cană zahăr pudră (foarte fin)

1 ou bătut

5 ml/1 lingurita esenta de vanilie (extract)

225 g/8 oz/2 căni de făină simplă (universal)

Bateți untul sau margarina și zahărul împreună până devine ușor și pufos. Adaugam treptat oul si esenta de vanilie, apoi adaugam faina si amestecam pana obtinem un aluat omogen. Rulați-o într-o bilă, înveliți-o în folie alimentară și puneți-o la frigider pentru 1 oră.

Întindeți aluatul la o grosime de 5 mm/¼ și tăiați-l în cercuri cu ajutorul unui tăietor. Se pune pe o tava unsa cu unt si se coace in cuptorul preincalzit la 200°C/400°F/termostat 6 timp de 10 minute pana devin aurii. Lăsați să se răcească pe foaia de copt timp de 5 minute înainte de a transfera pe un grătar pentru a termina răcirea.

Biscuiti crocante cu tarate

Dă 16

100 g/4 oz/1 cană făină de grâu integral (grâu integral)

100 g/4 oz/½ cană zahăr brun moale

25 g/1 oz/¼ cană de ovăz rulat

25 g/1 oz/½ cană tărâțe

5 ml/1 lingurita bicarbonat de sodiu (bicarbonat de sodiu)

5 ml/1 lingurita. ghimbir de pamant

100 g/4 oz/½ cană unt sau margarină

15 ml/1 linguriță sirop de aur (porumb ușor)

15 ml/1 lingura de lapte

Amestecați ingredientele uscate împreună. Topiți untul cu siropul și laptele, apoi amestecați cu ingredientele uscate pentru a forma o pastă tare. Puneți linguri de amestec de fursecuri pe o tavă de copt unsă și coaceți într-un cuptor preîncălzit la 160°C/325°F/termostat 3 timp de 15 minute până când se rumenesc.

Prajituri cu tarate de susan

Dă 12

225 g/8 oz/2 căni de făină de grâu integral (grâu integral)

5 ml/1 linguriță praf de copt

25 g/1 oz/½ cană tărâțe

Vârf de cuțit de sare

2 oz/¼ cană/50 g unt sau margarină

45 ml/3 linguri. zahăr brun moale

45 ml/3 linguri. linguri de stafide (stafide aurii)

1 ou, batut usor

120 ml/4 fl oz/½ cană lapte

45 ml/3 linguri de seminte de susan

Se amestecă făina, praful de copt, tărâțele și sarea, apoi se amestecă untul sau margarina până când amestecul seamănă cu pesmet. Se amestecă zahărul și stafidele, apoi se amestecă oul și suficient lapte pentru a face un aluat flexibil, dar nu lipicios. Se rulează până la o grosime de 1 cm/½ și se taie în cercuri cu un tăietor de prăjituri. Se aseaza pe o tava unsa cu unt, se unge cu lapte si se presara cu seminte de susan. Coaceți în cuptorul preîncălzit la 220°C/425°F/termostat 7 timp de 10 minute până devin aurii.

Fursecuri cu rachiu cu chimen

Dă 30

25 g/1 oz/2 linguri. linguri de unt sau margarină, înmuiate

75 g/3 oz/1/3 cană zahăr brun moale

½ ou

10 ml/2 linguri. coniac

175 g/6 oz/1½ cani de făină simplă (universal)

10 ml/2 linguri. Chimion

5 ml/1 linguriță praf de copt

Vârf de cuțit de sare

Bateți untul sau margarina și zahărul împreună până devine ușor și pufos. Adăugați treptat oul și coniacul, apoi adăugați restul ingredientelor și amestecați pentru a forma o pastă tare. Înfășurați în folie alimentară (folie de plastic) și dați la frigider pentru 30 de minute.

Întindeți aluatul pe o placă cu făină la aproximativ 3 mm/1/8 inch grosime și tăiați-l în cercuri folosind un tăietor de prăjituri. Puneți biscuiții pe o tavă unsă cu unsoare și coaceți în cuptorul preîncălzit la 200°C/400°F/termostat 6 timp de 10 minute.

Brandy Snaps

Dă 30

100 g/4 oz/½ cană unt sau margarină

100 g/4 oz/1/3 cană sirop de aur (porumb ușor)

100 g/4 oz/½ cană zahăr demerara

100 g/4 oz/1 cană făină simplă (universal)

5 ml/1 lingurita. ghimbir de pamant

5 ml/1 lingurita suc de lamaie

Topiți untul sau margarina, siropul și zahărul într-o cratiță. Se lasa putin la racit, apoi se adauga faina si ghimbirul, apoi sucul de lamaie. Pune amestecul cu linguri la 10 cm distanta pe tavile unse cu unt si coace in cuptorul preincalzit la 180°C/termostat 4 timp de 8 minute pana se rumeneste. Se lasa sa se raceasca un minut, apoi se scoate o felie din tava si se ruleaza. Se scoate mânerul unei linguri de lemn și se lasă să se răcească pe un grătar Dacă clapele devin prea tari înainte de modelare, pune-le din nou la cuptor pentru un minut pentru a se încălzi și a se înmoaie.

Prajituri cu unt

Dă 24

100 g/4 oz/½ cană unt sau margarină, înmuiată

50 g/2 oz/¼ cană zahăr pudră (foarte fin)

Coaja rasă de la 1 lămâie

150 g/5 oz/1 ¼ cani de făină auto-crescătoare

Bateți untul sau margarina și zahărul împreună până devine ușor și pufos. Lucrați coaja de lămâie și apoi adăugați făina până se întărește. Formați bile mari de mărimea unei nuci și puneți-le pe o tavă de copt unsă, apoi apăsați ușor cu o furculiță pentru a se aplatiza. Coaceți biscuiții într-un cuptor preîncălzit la 180°C/350°F/termostat 4 timp de 15 minute până devin aurii.

Biscuiți cu unt

Dă 40

100 g/4 oz/½ cană unt sau margarină, înmuiată

100 g/4 oz/½ cană de zahăr brun închis

1 ou bătut

1,5 ml/¼ linguriță esență de vanilie (extract)

225 g/8 oz/2 căni de făină simplă (universal)

7,5 ml/1 ½ linguriță. praf de copt

Vârf de cuțit de sare

Bateți untul sau margarina și zahărul împreună până devine ușor și pufos. Adaugam treptat oul si esenta de vanilie. Se amestecă făina, praful de copt și sarea. Aluatul se formează în trei cilindri cu un diametru de aproximativ 5 cm, se înfășoară în folie alimentară (folia de plastic) și se da la frigider pentru 4 ore sau peste noapte.

Tăiați felii groase de 1/8/3 mm și puneți-le pe foi de copt neunsate. Coaceți biscuiții într-un cuptor preîncălzit la 190°C/375°F/termostat 5 timp de 10 minute până devin ușor aurii.

Biscuiti cu caramel

Dă 30

2 oz/¼ cană/50 g unt sau margarină, înmuiată

50 g/2 oz/¼ cană untură (grăsime)

225 g/8 oz/1 cană zahăr brun moale

1 ou, batut usor

175 g/6 oz/1½ cani de făină simplă (universal)

1,5 ml/¼ lingurita de bicarbonat de sodiu (bicarbonat de sodiu)

1,5 ml/¼ lingurita tartru

Un praf de nucsoara rasa

10 ml/2 lingurițe de apă

2,5 ml/½ linguriță esență de vanilie (extract)

Bateți untul sau margarina, untura și zahărul împreună până devin ușor și pufos. Adăugați treptat oul. Amestecați făina, bicarbonatul de sodiu, tartrul și nucșoara, apoi adăugați apa și esența de vanilie și amestecați până la un aluat omogen. Se întinde în formă de cârnați, se înfășoară în folie alimentară (film de plastic) și se dă la frigider pentru cel puțin 30 de minute, de preferință mai mult.

Tăiați aluatul în felii de ½/1 cm și puneți-l pe o tavă unsă cu unt. Coaceți biscuiții într-un cuptor preîncălzit la 180°C/350°F/termostat 4 timp de 10 minute până devin aurii.

Biscuiti cu morcovi si nuci

Dă 48

6 oz/¾ cană/175 g unt sau margarină, înmuiată

100 g/4 oz/½ cană zahăr brun moale

50 g/2 oz/¼ cană zahăr pudră (foarte fin)

1 ou, batut usor

225 g/8 oz/2 căni de făină simplă (universal)

5 ml/1 linguriță praf de copt

2,5 ml/½ linguriță de sare

100 g/4 oz/½ cană piure de morcovi fierți

100 g de nuci tocate

Bateți untul sau margarina și zaharurile împreună până devine ușor și pufos. Amestecați treptat oul, apoi făina, praful de copt și sarea. Se amestecă piureul de morcovi și nucile. Puneți lingurițe mici pe o tavă unsă și coaceți în cuptorul preîncălzit la 200°C/400°F/termostat 6 timp de 10 minute.

Prajituri cu portocale din morcovi si nuci

Dă 48

Pentru cookie-uri:

6 oz/¾ cană/175 g unt sau margarină, înmuiată

100 g/4 oz/½ cană zahăr pudră (foarte fin)

50 g/2 oz/¼ cană zahăr brun moale

1 ou, batut usor

225 g/8 oz/2 căni de făină simplă (universal)

5 ml/1 linguriță praf de copt

2,5 ml/½ linguriță de sare

5 ml/1 lingurita esenta de vanilie (extract)

100 g/4 oz/½ cană piure de morcovi fierți

100 g de nuci tocate

Pentru topping (glazură):

175 g/6 oz/1 cană de zahăr pudră (pentru cofetari), cernut

10 ml/2 linguri. coaja de portocala rasa

30 ml/2 linguri suc de portocale

Pentru a face fursecurile, cremă untul sau margarina și zaharurile împreună până devin ușoare și pufoase. Amestecați treptat oul, apoi făina, praful de copt și sarea. Adaugati esenta de vanilie, piureul de morcovi si nucile. Puneți lingurițe mici pe o tavă unsă și coaceți în cuptorul preîncălzit la 200°C/400°F/termostat 6 timp de 10 minute.

Pentru a pregăti toppingul, puneți într-un castron zahăr pudră, amestecați coaja de portocală și faceți o adâncitură în mijloc.

Adăugați treptat sucul de portocale până obțineți un glazur cremos, dar destul de gros. Se intinde pe fursecuri inca calde, se lasa sa se raceasca si sa se intareasca.

Fursecuri cu cireșe

Dă 48

100 g/4 oz/½ cană unt sau margarină, înmuiată

100 g/4 oz/½ cană zahăr pudră (foarte fin)

1 ou bătut

5 ml/1 lingurita esenta de vanilie (extract)

225 g/8 oz/2 căni de făină simplă (universal)

2 oz/50 g/¼ cană cireșe glazurate (confiate), tocate

Bateți untul sau margarina și zahărul împreună până devine ușor și pufos. Adăugați treptat oul și esența de vanilie, apoi adăugați făina și cireșele și frământați până obțineți un aluat omogen. Rulați-o într-o bilă, înveliți-o în folie alimentară și puneți-o la frigider pentru 1 oră.

Întindeți aluatul la o grosime de 5 mm/¼ și tăiați-l în cercuri cu ajutorul unui tăietor. Se pune pe o tava unsa cu unt si se coace in cuptorul preincalzit la 200°C/400°F/termostat 6 timp de 10 minute pana devin aurii. Lăsați să se răcească pe foaia de copt timp de 5 minute înainte de a transfera pe un grătar pentru a termina răcirea.

Inele de cireşe şi migdale

Dă 24

100 g/4 oz/½ cană unt sau margarină, înmuiată

100 g/4 oz/½ cană zahăr tos (foarte fin), plus suplimentar pentru stropire

1 ou, separat

225 g/8 oz/2 căni de făină simplă (universal)

5 ml/1 linguriță praf de copt

5 ml/1 lingurita. coaja de lamaie rasa

60 ml / 4 lingurițe de cireșe glazurate (confiate)

50 g/2 oz/½ cană migdale felii (tocate)

Bateți untul sau margarina și zahărul împreună până devine ușor și pufos. Bateți treptat gălbenușul de ou, apoi amestecați făina, praful de copt, coaja de lămâie și cireșe, lucrați cu mâinile până când amestecul se oprește. Întindeți-le la ¼/5 mm grosime și tăiați-le în rondele de 2¼/6cm folosind un tăietor de prăjituri, apoi tăiați centrele cu un tăietor de biscuiți de ¾/2cm. Așezați fursecurile bine depărtate pe o foaie de copt unsă și înțepați-le cu o furculiță. Coaceți în cuptorul preîncălzit la 180°C/350°F/termostat 4 timp de 10 minute. Se unge cu albus si se presara migdale si zahar, apoi se dau la cuptor inca 5 minute pana devin aurii.

Biscuiti cu unt de ciocolata

Dă 24

100 g/4 oz/½ cană unt sau margarină

50 g/2 oz/¼ cană zahăr pudră (foarte fin)

100 g/4 oz/1 cană de făină auto-crescătoare

30 ml/2 linguri de pudră de cacao (ciocolată neîndulcită).

Bateţi untul sau margarina şi zahărul împreună până devine uşor şi pufos. Lucraţi făina şi cacao într-un amestec tare. Formaţi bile mari de mărimea unei nuci şi puneţi-le pe o tavă de copt unsă, apoi apăsaţi uşor cu o furculiţă pentru a se aplatiza. Coaceţi biscuiţii într-un cuptor preîncălzit la 180°C/350°F/termostat 4 timp de 15 minute până devin aurii.

Rulouri de ciocolată și cireșe

Dă 24

100 g/4 oz/½ cană unt sau margarină, înmuiată

100 g/4 oz/½ cană zahăr pudră (foarte fin)

1 ou

2,5 ml/½ linguriță esență de vanilie (extract)

225 g/8 oz/2 căni de făină simplă (universal)

5 ml/1 linguriță praf de copt

Vârf de cuțit de sare

25 g/1 oz/¼ cană cacao (ciocolată neîndulcită) pudră

25 g/1 oz/2 linguri. linguri de cirese glazurate (confiate), tocate

Bateți untul cu zahărul până devine ușor și pufos. Se bate treptat oul si esenta de vanilie, apoi se amesteca faina, praful de copt si sarea pentru a forma un aluat tare. Împărțiți aluatul în jumătate și amestecați cacao într-una și cireșe în cealaltă. Înfășurați în folie alimentară (folie de plastic) și dați la frigider pentru 30 de minute.

Rulați fiecare bucată de aluat într-un dreptunghi cu o grosime de aproximativ 1/8/3 mm, apoi puneți-le una peste alta și apăsați ușor cu un sucitor. Rulați pe partea lungă și apăsați ușor. Tăiați felii groase de 1/2 cm și aranjați-le, bine distanțate, pe o tavă de copt unsă. Coaceți în cuptorul preîncălzit la 200°C/400°F/termostat 6 timp de 10 minute.

Prăjituri cu ciocolată

Dă 24

75 g/3 oz/1/3 cană unt sau margarină

175 g/6 oz/1½ cani de făină simplă (universal)

5 ml/1 linguriță praf de copt

Un praf de bicarbonat de sodiu (bicarbonat de sodiu)

50 g/2 oz/¼ cană zahăr brun moale

45 ml/3 linguri. lingură de sirop de aur (porumb ușor)

100 g/4 oz/1 cană chipsuri de ciocolată

Frecați untul sau margarina în făină, praf de copt și bicarbonat de sodiu până când amestecul seamănă cu pesmet. Adăugați zahărul, siropul și fulgii de ciocolată și amestecați pentru a obține o pastă netedă. Formați bile mici și puneți-le pe o tavă de copt unsă, apăsând ușor pentru a se aplatiza. Coaceți fursecurile într-un cuptor preîncălzit la o temperatură de 190 °C/375 °F/termostat 5 timp de 15 minute până devin aurii.

Prajituri cu ciocolata si banane

Dă 24

75 g/3 oz/1/3 cană unt sau margarină

175 g/6 oz/1½ cani de făină simplă (universal)

5 ml/1 linguriță praf de copt

2,5 ml/½ linguriță bicarbonat de sodiu (bicarbonat de sodiu)

50 g/2 oz/¼ cană zahăr brun moale

45 ml/3 linguri. lingură de sirop de aur (porumb ușor)

50 g/2 oz/½ cană chipsuri de ciocolată

2 oz/½ cană/50 g chipsuri de banane uscate, tocate grosier

Frecați untul sau margarina în făină, praf de copt și bicarbonat de sodiu până când amestecul seamănă cu pesmet. Adăugați zahărul, siropul, ciocolata și chipsurile de banane și amestecați pentru a obține o pastă netedă. Formați bile mici și puneți-le pe o tavă de copt unsă, apăsând ușor pentru a se aplatiza. Coaceți fursecurile într-un cuptor preîncălzit la o temperatură de 190 °C/375 °F/termostat 5 timp de 15 minute până devin aurii.

Ciocolata si nuci

Dă 24

2 oz/¼ cană/50 g unt sau margarină, înmuiată

175 g/6 oz/¾ cană zahăr pudră (foarte fin)

1 ou

5 ml/1 lingurita esenta de vanilie (extract)

25 g/1 oz/¼ cană ciocolată netedă (semidulce), topită

100 g/4 oz/1 cană făină simplă (universal)

5 ml/1 linguriță praf de copt

Vârf de cuțit de sare

30 ml/2 linguri de lapte

25 g/1 oz/¼ cană nuci amestecate tocate

Zahăr pudră (cofetarie), cernut, pentru stropire

Bateți untul sau margarina și zahărul pudră împreună până devine ușor și pufos. Adaugam treptat oul si esenta de vanilie, apoi adaugam ciocolata. Se amestecă făina, praful de copt și sarea și se adaugă la amestec alternativ cu laptele. Se amestecă nucile, se acoperă și se dă la frigider pentru 3 ore.

Rulați amestecul în bile de 1½"/3cm și ungeți-le cu zahăr pudră. Așezați-le pe o foaie de copt unsă ușor și coaceți în cuptorul preîncălzit la 180°C/350°F/termostat 4 timp de 15 minute până se rumenesc ușor. Serviți stropiți cu zahăr pudră.

Biscuiți americani cu ciocolată

Dă 20

225 g/8 oz/1 cană untură (grăsime)

225 g/8 oz/1 cană zahăr brun moale

100 g/4 oz/½ cană zahăr granulat

5 ml/1 lingurita esenta de vanilie (extract)

2 oua, batute usor

175 g/6 oz/1½ cani de făină simplă (universal)

5 ml/1 lingurita de sare

5 ml/1 lingurita bicarbonat de sodiu (bicarbonat de sodiu)

225 g/8 oz/2 căni de ovăz

350 g/12 oz/3 căni chipsuri de ciocolată

Bateți untura, zahărul și esența de vanilie împreună până devin ușoare și pufoase. Adăugați treptat ouăle. Se amestecă făina, sarea, bicarbonatul de sodiu și fulgii de ovăz, apoi se amestecă fulgii de ciocolată. Pune linguri pe tavi unse si coace in cuptorul preincalzit la 180°C/350°F/termostat 4 pentru aproximativ 10 minute pana devin aurii.

Creme de ciocolata

Dă 24

6 oz/¾ cană/175 g unt sau margarină, înmuiată

175 g/6 oz/¾ cană zahăr pudră (foarte fin)

225 g/8 oz/2 căni de făină auto-crescătoare (auto-crescătoare)

75 g/3 oz/¾ cană nucă de cocos deshidratată (mărunțită)

4 oz/100 g fulgi de porumb, zdrobiți

25 g/1 oz/¼ cană cacao (ciocolată neîndulcită) pudră

60 ml/4 linguri de apă clocotită

100 g/4 oz/1 cană ciocolată netedă (semidulce)

Cremă untul sau margarina și zahărul împreună, apoi amestecați făina, nuca de cocos și fulgii de porumb. Se amestecă cacao cu apă clocotită și apoi se amestecă în amestec. Formați bile de 2,5 cm, puneți-le pe o foaie de copt unsă și presați ușor cu o furculiță pentru a se aplatiza. Coaceți în cuptorul preîncălzit la 180 °C/350 °F/termostat 4 timp de 15 minute până devin aurii.

Topiți ciocolata într-un castron termorezistent peste o oală cu apă clocotită. Se intinde pe jumatate din fursecuri si se apasa pe cealalta jumatate deasupra. Lasă-l să se răcească.

Prajituri de ciocolata si alune

Dă 16

200 g/7 oz/mic 1 cană unt sau margarină, înmuiată

50 g/2 oz/¼ cană zahăr pudră (foarte fin)

100 g/4 oz/½ cană zahăr brun moale

10 ml/2 linguri. esență de vanilie (extract)

1 ou bătut

275 g/10 oz/2½ căni de făină simplă (universal)

50 g/2 oz/½ cană pudră de cacao (ciocolată neîndulcită).

5 ml/1 linguriță praf de copt

75 g/3 oz/¾ cană alune de pădure

225 g/8 oz/2 cesti ciocolata alba, tocata

Bateți untul sau margarina, zaharurile și esența de vanilie până devin palide și pufoase, apoi amestecați oul. Adaugati faina, cacao si praful de copt. Se amestecă nucile și ciocolata până când amestecul se omogenizează. Formați 16 bile și întindeți-le uniform pe o foaie de copt unsă și tapetată, apoi aplatizați-le ușor cu dosul unei linguri. Coaceți într-un cuptor preîncălzit la 160°C/325°F/termostat 3 timp de aproximativ 15 minute, până când se fixează, dar încă puțin moale.

Prajituri cu ciocolata si nucsoara

Dă 24

2 oz/¼ cană/50 g unt sau margarină, înmuiată

100 g/4 oz/½ cană zahăr pudră (foarte fin)

15 ml/1 lingura pudra de cacao (ciocolata neindulcita)

1 galbenus

2,5 ml/½ linguriță esență de vanilie (extract)

150 g/5 oz/1 ¼ cană făină simplă (universal)

5 ml/1 linguriță praf de copt

Un praf de nucsoara rasa

60 ml / 4 lingurițe de smântână dulce-acrișoară

Bateți untul sau margarina și zahărul împreună până devine ușor și pufos. Se amestecă cacao. Se adauga galbenusul de ou si esenta de vanilie, apoi se adauga faina, praful de copt si nucsoara. Amestecați crema până se omogenizează. Acoperiți și dați la frigider.

Întindeți aluatul până la o grosime de 5 mm și tăiați 5 cm cu ajutorul unui tăietor. Pune fursecurile pe o tavă de copt neunsă și coace în cuptorul preîncălzit la 200°C/400°F/termostat 6 timp de 10 minute până devin aurii.

Prăjituri cu ciocolată

Dă 16

6 oz/¾ cană/175 g unt sau margarină, înmuiată

75 g/3 oz/1/3 cană zahăr pudră (foarte fin)

175 g/6 oz/1½ cani de făină simplă (universal)

50 g/2 oz/½ cană de orez măcinat

75 g/3 oz/¾ cană chipsuri de ciocolată

100 g/4 oz/1 cană ciocolată netedă (semidulce)

Bateți untul sau margarina și zahărul împreună până devine ușor și pufos. Se amestecă făina și orezul măcinat, apoi se amestecă fulgii de ciocolată. Presați într-o formă unsă pentru pâine elvețiană (jeleu) și înțepați cu o furculiță. Coaceți în cuptorul preîncălzit la 160°C/325°F/termostat 3 timp de 30 de minute până devin aurii. Cât este încă cald, răzuiți pe degete și apoi lăsați să se răcească complet.

Topiți ciocolata într-un castron termorezistent peste o oală cu apă clocotită. Se întinde în fursecuri și se lasă să se răcească și să se întărească înainte de a le tăia în degete. depozitați într-un recipient ermetic.

Prajituri cu cafea si ciocolata

Dă 40

Pentru cookie-uri:

175 g/6 oz/¾ cană unt sau margarină

25 g/1 oz/2 linguri untură (grăsime)

450 g/1 lb/4 căni de făină simplă (universal)

Vârf de cuțit de sare

100 g/4 oz/½ cană zahăr brun moale

5 ml/1 lingurita bicarbonat de sodiu (bicarbonat de sodiu)

60 ml/4 linguri de cafea neagră tare

5 ml/1 lingurita esenta de vanilie (extract)

100 g/4 oz/1/3 cană sirop de aur (porumb ușor)

Pentru umplutura:

10 ml/2 lingurițe pudră de cafea instant

10 ml/2 lingurițe de apă clocotită

50 g/2 oz/¼ cană zahăr pudră (foarte fin)

25 g/1 oz/2 linguri de unt sau margarină

15 ml/1 lingura de lapte

Pentru a face fursecurile, frecați untul sau margarina și untura în făină și sare până când amestecul seamănă cu pesmet, apoi amestecați zahărul brun. Amestecați bicarbonatul de sodiu cu niște cafea, apoi adăugați restul de cafea, esența de vanilie și siropul la amestec și amestecați până obțineți o pastă netedă. Se pune intr-un bol uns usor cu ulei, se acopera cu folie alimentara (folie de plastic) si se lasa peste noapte.

Întindeți aluatul pe o masă cu făină la aproximativ ½"/1 cm grosime și tăiați-l în dreptunghiuri de ¾" x 3"/2 x 7,5 cm. Înțepați fiecare cu o furculiță pentru a crea un model canelat. Transferați într-o tavă unsă cu unsoare și coaceți în cuptorul preîncălzit la 200°C/400°F/termostat 6 timp de 10 minute până devin aurii. Se răcește pe un grătar.

Pentru a face umplutura, dizolvați praful de cafea în apă clocotită într-o cratiță mică, apoi amestecați celelalte ingrediente și aduceți la fierbere. Se fierbe 2 minute, apoi se ia de pe foc si se bate pana se ingroasa si se raceste. Acoperiți perechile de biscuiți sandwich cu umplutura.

prajituri de Craciun

Dă 24

100 g/4 oz/½ cană unt sau margarină, înmuiată

100 g/4 oz/½ cană zahăr pudră (foarte fin)

225 g/8 oz/2 căni de făină simplă (universal)

Vârf de cuțit de sare

5 ml/1 lingurita. scorțișoară măcinată

1 galbenus

10 ml/2 lingurita apa rece

Câteva picături de esență de vanilie (extract)

Pentru topping (glazură):

8 oz/11/3 cesti/225 g zahar pudra (de cofetarie), cernut

30 ml/2 linguri de apă

Colorant alimentar (optional)

Bateți untul cu zahărul până devine ușor și pufos. Se amestecă făina, sarea și scorțișoara, apoi se amestecă gălbenușul de ou, apa și esența de vanilie și se amestecă într-un aluat tare. Înfășurați în folie alimentară (folie de plastic) și dați la frigider pentru 30 de minute.

Întindeți aluatul la o grosime de 5 mm/¼ și tăiați formele de Crăciun folosind tăietoare sau un cuțit foarte ascuțit. Pentru a le atârna pe copac, găuriți o gaură în partea de sus a fiecărei prăjituri. Pune formele pe o tava unsa cu unt si coace in cuptorul preincalzit la 200°C/400°F/termostat 6 timp de 10 minute pana devin aurii. Lasă-l să se răcească.

Pentru a pregăti glazura, amestecați treptat apa cu zahăr pudră până obțineți un glazur suficient de gros. Vopsiți cantități mici în culori diferite dacă este necesar. Așezați modelele pe fursecuri și lăsați-le să se întărească. Trageți o buclă de panglică sau sârmă prin orificiu pentru a o atârna.

Fursecuri cu nucă de cocos

Dă 32

50 g/2 oz/3 linguri de sirop de aur (porumb ușor)

2/3 cană/5 oz/150 g unt sau margarină

100 g/4 oz/½ cană zahăr pudră (foarte fin)

100 g/4 oz/1 cană făină simplă (universal)

75 g/3 oz/¾ cană de ovăz rulat

50 g/2 oz/½ cană nucă de cocos deshidratată (măruntită)

10 ml/2 lingurite bicarbonat de sodiu (bicarbonat de sodiu)

15 ml/1 lingura de apa fierbinte

Topiți siropul, untul sau margarina și zahărul. Se amestecă făina, fulgii de ovăz și nuca de cocos rasă. Amestecați bicarbonatul de sodiu cu apă fierbinte și apoi amestecați-l cu celelalte ingrediente. Lăsați amestecul să se răcească ușor, apoi împărțiți-l în 32 de bucăți și rulați fiecare dintre ele într-o bilă. Aplatizați fursecurile și puneți-le pe foi de prăjituri unse. Coaceți în cuptorul preîncălzit la 160°C/325°F/termostat 3 timp de 20 de minute până devin aurii.

Biscuiti de porumb cu crema de fructe

Dă 12

150 g/5 oz/1 ¼ cani făină de grâu integral (grâu integral)

150 g/5 oz/1 ¼ cană făină de porumb

10 ml/2 lingurițe praf de copt

Vârf de cuțit de sare

225 g/8 oz/1 cană iaurt simplu

75 g/3 oz/¼ cană miere pură

2 oua

45 ml/3 linguri de ulei

Pentru crema de fructe:

2/3 cană/5 oz/150 g unt sau margarină, înmuiată

Suc de 1 lămâie

Câteva picături de esență de vanilie (extract)

30 ml/2 linguri zahăr granulat (foarte fin)

225g/8oz căpșuni

Se amestecă făina, mălaiul, praful de copt și sarea. Adăugați iaurtul, mierea, ouăle și uleiul și amestecați până se omogenizează. Se întinde pe o placă cu făină la aproximativ ½ inch/1 cm grosime și se taie rondele mari. Se pune pe o tavă de copt unsă și se coace într-un cuptor preîncălzit la 200°C/400°F/termostat 6 timp de 15 minute până se rumenesc.

Pentru a prepara crema de fructe, amestecați untul sau margarina, sucul de lămâie, esența de vanilie și zahărul. Păstrează câteva căpșuni pentru decor, restul se pasează în piure și se strecoară printr-o strecurătoare (sită), dacă preferi smântână fără semințe (pietre). Se amestecă în amestecul de unt, apoi se dă la frigider. Înainte de servire, puneți sau picurați câte o praf de smântână pe fiecare prăjitură.

Biscuiți din Cornish

Dă 20

225 g/8 oz/2 căni de făină auto-crescătoare (auto-crescătoare)

Vârf de cuțit de sare

100 g/4 oz/½ cană unt sau margarină

2/3 cană/6 oz/175 g zahăr pudră (foarte fin)

1 ou

Zahăr pudră (cofetarie), cernut, pentru stropire

Amestecați făina și sarea într-un castron, apoi amestecați untul sau margarina până când amestecul seamănă cu pesmet. Se amestecă zahărul. Adăugați oul și amestecați până obțineți un aluat moale. Se intinde subtire pe o tabla tapata cu faina si apoi se taie rondele.

Se pune pe o tava unsa cu unt si se coace in cuptorul preincalzit la 200°C/400°F/termostat 6 pentru aproximativ 10 minute pana devin aurii.

Biscuiți cu coacăze din cereale integrale

Dă 36

100 g/4 oz/½ cană unt sau margarină, înmuiată

50 g/2 oz/¼ cană zahăr demerara

2 oua, separate

100 g/4 oz/2/3 cană coacăze

225 g/8 oz/2 căni de făină de grâu integral (grâu integral)

100 g/4 oz/1 cană făină simplă (universal)

5 ml/1 lingurita. piper măcinat (plăcintă cu mere)

¼ pct/2/3 cesti/150 ml lapte, plus extra pentru periaj

Bateți untul sau margarina și zahărul împreună până devine ușor și pufos. Bateți gălbenușurile, apoi amestecați coacăzele. Se amestecă făina și condimentele și se amestecă în amestecul cu lapte. Albusurile se bat spuma pana se inmoaie si apoi se unesc in amestec pentru a forma un aluat moale. Se intinde aluatul pe o suprafata de lucru infainata si apoi se taie cu ajutorul unui cutter de 5 cm/2. Se aseaza pe o tava unsa si se unge cu lapte. Coaceți în cuptorul preîncălzit la 180°C/350°F/termostat 4 timp de 20 de minute până devin aurii.

Fursecuri tip sandwich cu curmale

Dă 30

8 oz/1 cană de unt sau margarină, înmuiată

450 g/1 lb/2 căni de zahăr brun moale

225 g/8 oz/2 căni de ovăz

225 g/8 oz/2 căni de făină simplă (universal)

2,5 ml/½ linguriță bicarbonat de sodiu (bicarbonat de sodiu)

Vârf de cuțit de sare

120 ml/4 fl oz/½ cană lapte

2 căni/8 oz/225 g curmale fără sâmburi (sâmbure), tocate foarte fin

250 ml/8 fl oz/1 cană apă

Bateți untul sau margarina și jumătate din zahăr până devine ușor și pufos. Amestecați ingredientele uscate și adăugați-le alternativ cu laptele la amestecul de smântână până se formează un aluat tare. Se intinde pe o tabla tapata cu faina si se taie rondele cu ajutorul unui taietor. Se pune pe o tavă de copt unsă și se coace în cuptorul preîncălzit la 180°C/350°F/termostat 4 timp de 10 minute până devin aurii.

Puneți toate ingredientele rămase într-o cratiță și aduceți la fierbere. Reduceți focul și gătiți timp de 20 de minute, amestecând din când în când, până se îngroașă. Lasă-l să se răcească. Acoperiți fursecurile cu umplutura.

Biscuiți digestivi (biscuiți Graham)

Dă 24

175 g/6 oz/1½ cani făină de grâu integral (grâu integral)

50 g/2 oz/½ cană făină simplă (universal)

50 g / 2 oz / ½ cană fulgi de ovăz laminat mediu

2,5 ml/½ linguriță de sare

5 ml/1 linguriță praf de copt

100 g/4 oz/½ cană unt sau margarină

30 ml/2 linguri de zahăr brun fin

60 ml/4 linguri de lapte

Se amestecă făina, ovăzul, sarea și praful de copt, apoi se amestecă untul sau margarina și se amestecă zahărul. Adăugați treptat laptele și amestecați un aluat moale. Amesteca bine pana nu mai devine lipicios. Se rulează la o grosime de 5 mm și se taie în cercuri de 5 cm/2 cu ajutorul unui tăietor. Se aseaza pe o tava unsa cu unt si se coace in cuptorul preincalzit la 180°C/350°F/termostat 4 pentru aproximativ 15 minute.

Prajituri de Paste

Dă 20

75 g/3 oz/1/3 cană unt sau margarină, moale

100 g/4 oz/½ cană zahăr pudră (foarte fin)

1 galbenus

150 g/6 oz/1½ cani de făină auto-crescătoare

5 ml/1 lingurita. piper măcinat (plăcintă cu mere)

15 ml/1 lingurita de coaja amestecata (confiata) tocata

50 g/2 oz/1/3 cană coacăze

15 ml/1 lingura de lapte

Zahăr pudră (superfin) pentru stropire

Bateți untul sau margarina și zahărul împreună. Bateți gălbenușul de ou, apoi amestecați amestecul de făină și condimente. Se amestecă coacăzele și coacăzele cu suficient lapte pentru a face o pastă tare. Se rulează la o grosime de aproximativ 5 mm și se taie în cercuri de 5 cm/2 cu ajutorul unui tăietor. Pune fursecurile pe o tava unsa cu unt si intepa-le cu o furculita. Coaceți în cuptorul preîncălzit la 180°C/350°F/termostat 4 timp de aproximativ 20 de minute până devin aurii. Se presară cu zahăr.

florentini

Dă 40

100 g/4 oz/½ cană unt sau margarină

100 g/4 oz/½ cană zahăr pudră (foarte fin)

15 ml/1 linguriță smântână dublă (groasă)

100 g/4 oz/1 cană nuci amestecate tocate

75 g/3 oz/½ cană stafide (stafide aurii)

50 g/2 oz/¼ cană cireșe glazurate (confiate)

Topiți untul sau margarina, zahărul și smântâna într-o cratiță la foc mic. Se ia de pe foc si se adauga nucile, stafidele si ciresele confiate. Se aseaza lingurite, bine intinse, pe foi de copt (biscuiti) tapetate cu hartie de orez. Coaceți în cuptorul preîncălzit la 180°C/350°F/termostat 4 timp de 10 minute. Se răcește pe foile de copt timp de 5 minute, apoi se transferă pe un grătar pentru a termina răcirea, răzuind orice exces de hârtie de orez.

Florentini de ciocolată

Dă 40

100 g/4 oz/½ cană unt sau margarină

100 g/4 oz/½ cană zahăr pudră (foarte fin)

15 ml/1 linguriță smântână dublă (groasă)

100 g/4 oz/1 cană nuci amestecate tocate

75 g/3 oz/½ cană stafide (stafide aurii)

50 g/2 oz/¼ cană cireșe glazurate (confiate)

100 g/4 oz/1 cană ciocolată netedă (semidulce)

Topiți untul sau margarina, zahărul și smântâna într-o cratiță la foc mic. Se ia de pe foc si se adauga nucile, stafidele si ciresele confiate. Se aseaza lingurite, bine intinse, pe foi de copt (biscuiti) tapetate cu hartie de orez. Coaceți în cuptorul preîncălzit la 180°C/350°F/termostat 4 timp de 10 minute. Se răcește pe foile de copt timp de 5 minute, apoi se transferă pe un grătar pentru a termina răcirea, răzuind orice exces de hârtie de orez.

Topiți ciocolata într-un castron termorezistent pus peste o oală cu apă clocotită. Se intinde pe fursecuri si se lasa sa se raceasca si sa se intareasca.

Florentini de ciocolată de lux

Dă 40

100 g/4 oz/½ cană unt sau margarină

100 g/4 oz/½ cană zahăr brun moale

15 ml/1 linguriță smântână dublă (groasă)

50 g/2 oz/¼ cană migdale, tocate

50 g/2 oz/¼ cană alune de pădure, tocate

75 g/3 oz/½ cană stafide (stafide aurii)

50 g/2 oz/¼ cană cireșe glazurate (confiate)

100 g/4 oz/1 cană ciocolată netedă (semidulce)

50 g/2 oz/½ cană ciocolată albă

Topiți untul sau margarina, zahărul și smântâna într-o cratiță la foc mic. Se ia de pe foc si se adauga nucile, stafidele si ciresele confiate. Se aseaza lingurite, bine intinse, pe foi de copt (biscuiti) tapetate cu hartie de orez. Coaceți în cuptorul preîncălzit la 180°C/350°F/termostat 4 timp de 10 minute. Se răceşte pe foile de copt timp de 5 minute, apoi se transferă pe un grătar pentru a termina răcirea, răzuind orice exces de hârtie de orez.

Topiți ciocolata neagră într-un castron rezistent la căldură pus peste o oală cu apă clocotită. Se intinde pe fursecuri si se lasa sa se raceasca si sa se intareasca. La fel, topiți ciocolata albă într-un castron curat, apoi întindeți linii de ciocolată albă într-un model aleator peste fursecuri.

Prajituri cu fondant de nuca

Dă 30

75 g/3 oz/1/3 cană unt sau margarină, moale

200 g / 7 oz / puțin 1 cană zahăr pudră (foarte fin)

1 ou, batut usor

100 g/4 oz/½ cană brânză de vaci

5 ml/1 lingurita esenta de vanilie (extract)

150 g/5 oz/1 ¼ cană făină simplă (universal)

25 g/1 oz/¼ cană cacao (ciocolată neîndulcită) pudră

2,5 ml/½ linguriță praf de copt

1,5 ml/¼ lingurita de bicarbonat de sodiu (bicarbonat de sodiu)

Vârf de cuțit de sare

25 g/1 oz/¼ cană nuci amestecate tocate

25 g / 1 oz / 2 linguri zahăr granulat

Bateți untul sau margarina și zahărul pudră împreună până devine ușor și pufos. Se amestecă treptat oul și brânza de vaci. Adăugați celelalte ingrediente, cu excepția zahărului granulat și amestecați un aluat omogen. Înfășurați în folie alimentară (folia de plastic) și dați la frigider pentru 1 oră.

Rulați aluatul în bile de mărimea unei nuci și rulați-le în zahăr pudră. Pune fursecurile pe o tava unsa cu unt si coace in cuptorul preincalzit la 180°C/350°F/termostat 4 timp de 10 minute.

Biscuiti glazurati germani

Dă 12

2 oz/¼ cană/50 g unt sau margarină

100 g/4 oz/1 cană făină simplă (universal)

25 g/1 oz/2 linguri zahăr pudră (foarte fin)

60 ml / 4 linguriţe de gem de mure (se lasă)

2/3 cană/4 oz/100 g zahăr pudră (de cofetarie), cernut

15 ml/1 lingură suc de lămâie

Frecaţi untul în făină până când amestecul seamănă cu pesmet. Se amestecă zahărul şi se presează pentru a forma o pastă. Se rulează până la o grosime de 5 mm/¼ şi se taie rondele cu ajutorul unui tăietor. Se pune pe o tavă de copt unsă şi se coace în cuptorul preîncălzit la 180°C/350°F/termostat 6 timp de 10 minute până se răceşte. Lasă-l să se răcească.

Sandwich perechi de biscuiti cu dulceata. Pune într-un bol zahăr pudră şi fă o fântână în mijloc. Adăugaţi treptat sucul de lămâie pentru a face glazura (glazura). Acoperiţi fursecurile şi apoi lăsaţi-le să se odihnească.

Biscuiti cu ghimbir

Dă 24

10 oz/300 g/1¼ cani de unt sau margarină, moale

225 g/8 oz/1 cană zahăr brun moale

75 g/3 oz/¼ cană melasă neagră

1 ou

2¼ căni/9 oz/250 g făină simplă (universal)

10 ml/2 lingurite bicarbonat de sodiu (bicarbonat de sodiu)

2,5 ml/½ linguriță de sare

5 ml/1 lingurita. ghimbir de pamant

5 ml/1 lingurita. cuișoare

5 ml/1 lingurita. scorțișoară măcinată

50 g/2 oz/¼ cană zahăr granulat

Bateți untul sau margarina, zahărul brun, melasa și oul într-o cremă pufoasă. Se amestecă făina, bicarbonatul de sodiu, sare și piper. Se adaugă la amestecul de unt și se amestecă pentru a forma un aluat tare. Acoperiți și lăsați la frigider pentru 1 oră.

Din aluat formam bile mici si le acoperim cu zahar pudra. Se aseaza bine deoparte pe o tava unsa si se acopera cu putina apa. Coaceți în cuptorul preîncălzit la 190°C/375°F/gaz 5 timp de 12 minute până devine auriu și crocant.

Biscuiti cu ghimbir

Dă 24

100 g/4 oz/½ cană unt sau margarină

225 g/8 oz/2 căni de făină auto-crescătoare (auto-crescătoare)

5 ml/1 lingurita bicarbonat de sodiu (bicarbonat de sodiu)

5 ml/1 lingurita. ghimbir de pamant

100 g/4 oz/½ cană zahăr pudră (foarte fin)

45 ml/3 linguri. sirop de aur (porumb uşor), încălzit

Frecaţi untul sau margarina în făină, bicarbonat de sodiu şi ghimbir. Se amestecă zahărul, apoi se amestecă siropul şi se amestecă pentru a forma o pastă tare. Întindeţi bile de mărimea unei nuci, aşezaţi-le bine depărtate pe o tavă de copt unsă şi apăsaţi uşor cu o furculiţă pentru a se aplatiza. Coaceţi biscuiţii într-un cuptor preîncălzit la 190°C/375°F/termostat 5 timp de 10 minute.

omul de turtă dulce

Are vreo 16 ani

350 g/12 oz/3 căni de făină auto-crescătoare (auto-crescătoare)

Vârf de cuțit de sare

10 ml/2 linguri. ghimbir de pamant

100 g/4 oz/1/3 cană sirop de aur (porumb ușor)

75 g/3 oz/1/3 cană unt sau margarină

25 g/1 oz/2 linguri zahăr pudră (foarte fin)

1 ou, batut usor

Câteva coacăze (opțional)

Se amestecă făina, sarea și ghimbirul. Topiți siropul, untul sau margarina și zahărul într-o cratiță. Lasam sa se raceasca putin, apoi adaugam ingredientele uscate in ou si amestecam pana obtinem un aluat tare. Se întinde pe o placă făinată până la o grosime de ¼/5 mm și se decupează cu tăietoare. Numărul pe care îl puteți face va depinde de dimensiunea cuțitelor dvs. Așezați pe o tavă de copt unsă ușor și, dacă este necesar, apăsați ușor coacăzele în ochi și nasturi. Coaceți în cuptorul preîncălzit la 180°C/350°F/termostat 4 timp de 15 minute până când devine maro auriu și ferm la atingere.

Biscuiti cu ghimbir din cereale integrale

Dă 24

200 g/7 oz/1¾ cani de făină integrală (integrală)

10 ml/2 linguriţe praf de copt

10 ml/2 linguri. ghimbir de pamant

100 g/4 oz/½ cană unt sau margarină

50 g/2 oz/¼ cană zahăr brun moale

60 ml / 4 linguriţe miere pură

Se amestecă făina, praful de copt şi ghimbirul. Topiţi untul sau margarina cu zahărul şi mierea, apoi adăugaţi-l la ingredientele uscate şi amestecaţi până obţineţi o pastă tare. Se intinde pe o tabla tapata cu faina si se taie rondele cu ajutorul unui taietor. Se aseaza pe o tava unsa cu unt si se coace in cuptorul preincalzit la 190°C/termostat 5 pentru 12 minute pana devine auriu si crocant.

Biscuiți cu ghimbir și orez

Dă 12

225 g/8 oz/2 căni de făină simplă (universal)

2,5 ml/½ linguriță. buzdugan de pământ

10 ml/2 linguri. ghimbir de pamant

75 g/3 oz/1/3 cană unt sau margarină

175 g/6 oz/¾ cană zahăr pudră (foarte fin)

1 ou bătut

5 ml/1 lingurita suc de lamaie

30 ml/2 linguri de orez macinat

Se amestecă făina și condimentele, se amestecă untul sau margarina până când amestecul seamănă cu pesmet, apoi se amestecă zahărul. Se amestecă oul și sucul de lămâie într-un aluat tare și se amestecă ușor până se omogenizează. Pudrați o suprafață de lucru cu orez măcinat și întindeți aluatul la ½ inch/1 cm grosime. Tăiați în rondele de 5 cm/2 cu un tăietor de prăjituri. Se aseaza pe o tava unsa cu unt si se coace in cuptorul preincalzit la 180°C/termostat 4 timp de 20 de minute pana se taie la atingere.

Prajituri aurii

Dă 36

75 g/3 oz/1/3 cană unt sau margarină, moale

200 g / 7 oz / puțin 1 cană zahăr pudră (foarte fin)

2 oua, batute usor

225 g/8 oz/2 căni de făină simplă (universal)

10 ml/2 lingurițe praf de copt

5 ml/1 lingurita. nucsoara rasa

Vârf de cuțit de sare

Ou sau lapte pentru topping

Zahăr pudră (superfin) pentru stropire

Bateți untul sau margarina și zahărul împreună. Bateți treptat ouăle, apoi amestecați făina, praful de copt, nucșoara și sarea și amestecați într-un aluat omogen. Acoperiți și lăsați să stea 30 de minute.
Întindeți aluatul pe o placă tapetă cu făină până la o grosime de aproximativ ¼/5 mm și tăiați rondele cu ajutorul unui tăietor. Se aseaza pe o tava unsa cu unt, se unge cu ou batut sau lapte si se presara zahar. Coaceți în cuptorul preîncălzit la 200°C/400°F/termostat 6 timp de 8-10 minute până devin aurii.

Fursecuri cu alune

Dă 24

100 g/4 oz/½ cană unt sau margarină, înmuiată

50 g/2 oz/¼ cană zahăr pudră (foarte fin)

100 g/4 oz/1 cană făină simplă (universal)

25 g/1 oz/¼ cană alune măcinate

Bateți untul sau margarina și zahărul împreună până devine ușor și pufos. Adaugam treptat faina si nucile pana se formeaza un aluat ferm. Se rulează în bile mici și se așează, bine distanțate, pe o tavă de copt unsă (tort). Coaceți biscuiții într-un cuptor preîncălzit la 180°C/350°F/termostat 4 timp de 20 de minute.

Prajituri crocante cu alune

Dă 40

100 g/4 oz/½ cană unt sau margarină, înmuiată

100 g/4 oz/½ cană zahăr pudră (foarte fin)

1 ou bătut

5 ml/1 lingurita esenta de vanilie (extract)

175 g/6 oz/1½ cani de făină simplă (universal)

50 g/2 oz/½ cană alune măcinate

50 g/2 oz/½ cană alune tocate

Bateți untul sau margarina și zahărul împreună până devine ușor și pufos. Amesteca treptat oul si esenta de vanilie, apoi faina, alunele si alunele macinate si framantam aluatul. Rulați-o într-o bilă, înveliți-o în folie alimentară și puneți-o la frigider pentru 1 oră.

Întindeți aluatul la o grosime de 5 mm/¼ și tăiați-l în cercuri cu ajutorul unui tăietor. Se pune pe o tava unsa cu unt si se coace in cuptorul preincalzit la 200°C/400°F/termostat 6 timp de 10 minute pana devin aurii.

Fursecuri cu alune si migdale

Dă 24

100 g/4 oz/½ cană unt sau margarină, înmuiată

3 oz/½ cană/75 g zahăr pudră (de cofetarie), cernut

50 g/2 oz/1/3 cană alune măcinate

50 g/2 oz/1/3 cană migdale măcinate

100 g/4 oz/1 cană făină simplă (universal)

5 ml/1 lingurita. esență de migdale (extract)

Vârf de cuțit de sare

Crema unt sau margarina si zahar pana devine usoara si pufoasa. Se amestecă celelalte ingrediente pentru a forma o pastă tare. Rulați-o într-o bilă, acoperiți-o cu folie alimentară (film de plastic) și puneți-o la frigider pentru 30 de minute.
Întindeți aluatul la o grosime de aproximativ 1 cm și tăiați-l în cercuri cu ajutorul unui tăietor. Se pune pe o tavă de copt unsă și se coace într-un cuptor preîncălzit la 180°C/350°F/termostat 4 timp de 15 minute până devin aurii.

Fursecuri cu miere

Dă 24

75 g/3 oz/1/3 cană unt sau margarină

Kit 100 g/4 oz/1/3 cană miere

225 g/8 oz/2 căni de făină de grâu integral (grâu integral)

5 ml/1 linguriță praf de copt

Vârf de cuțit de sare

2 oz/¼ cană/50 g zahăr muscovado

5 ml/1 lingurita. scorțișoară măcinată

1 ou, batut usor

Topiți untul sau margarina și mierea până se combină. Adăugați restul ingredientelor. Puneți linguri de amestec bine distanțate pe o foaie de copt unsă și coaceți într-un cuptor preîncălzit la 180°C/350°F/termostat 4 timp de 15 minute până când se rumenesc. Lăsați să se răcească timp de 5 minute înainte de a le da pe un grătar pentru a termina răcirea.

Ratafie cu miere

Dă 24

2 albusuri

100 g/4 oz/1 cană migdale măcinate

Câteva picături de esență de migdale (extract)

100 g/4 oz/1/3 cană miere pură

hartie de orez

Bate albusurile spuma pana se formeaza varfuri tari. Se amestecă ușor migdalele, esența de migdale și mierea. Puneți linguri bine distanțate din amestec pe tăvi tapetate cu hârtie de orez și coaceți în cuptorul preîncălzit la 180°C/350°F/termostat 4 timp de 15 minute până devin aurii. Se lasa sa se raceasca putin si apoi se rupe hartia pentru a o indeparta.

Fursecuri cu miere de lapte

Dă 12

2 oz/¼ cană/50 g unt sau margarină

225 g/8 oz/2 căni de făină auto-crescătoare (auto-crescătoare)

6 fl oz/¾ cană lapte de unt/175 ml

45 ml/3 linguri de miere pura

Frecați untul sau margarina în făină până când amestecul seamănă cu pesmet. Adăugați zara și mierea și amestecați pentru a forma o pastă groasă. Se aseaza pe o tabla usor infainata si se framanta pana se omogenizeaza, apoi se intinde la o grosime de 2 cm si se taie in 5 cm/2 rondele cu ajutorul unui taietor. Se pune pe o tava unsa cu unt si se coace in cuptorul preincalzit la 230°C/450°F/termostat 8 timp de 10 minute pana devin aurii.

Biscuiti cu unt de lamaie

Dă 20

100 g/4 oz/1 cană orez albit

100 g/4 oz/1 cană făină simplă (universal)

75 g/3 oz/1/3 cană zahăr pudră (foarte fin)

Vârf de cuțit de sare

2,5 ml/½ linguriță praf de copt

100 g/4 oz/½ cană unt sau margarină

Coaja rasă de la 1 lămâie

1 ou bătut

Se amestecă orezul măcinat, făina, zahărul, sarea și praful de copt. Întindeți untul până când amestecul seamănă cu pesmet. Se amestecă coaja de lămâie și se amestecă cu suficient ou pentru a forma un aluat tare. Se amestecă ușor, apoi se întinde pe o placă cu făină și se decupează forme cu ajutorul unui tăietor de prăjituri. Puneți pe o tavă unsă cu uns și coaceți în cuptorul preîncălzit la 180°C/350°F/termostat 4 timp de 30 de minute. Se răcește ușor pe tava de copt și apoi se transferă pe un grătar pentru a se răci complet.

fursecuri cu lamaie

Dă 24

100 g/4 oz/½ cană unt sau margarină

100 g/4 oz/½ cană zahăr pudră (foarte fin)

1 ou, batut usor

225 g/8 oz/2 căni de făină simplă (universal)

5 ml/1 linguriță praf de copt

Coaja rasă de la ½ lămâie

5 ml/1 lingurita suc de lamaie

30 ml/2 linguri de zahăr demerara

Topim untul sau margarina si zaharul pudra la foc mic, amestecand continuu, pana cand amestecul incepe sa se ingroase. Luați de pe foc și amestecați oul, făina, praful de copt, coaja de lămâie și sucul și amestecați până la o pastă. Acoperiți și lăsați la frigider pentru 30 de minute.

Modelați aluatul în bile mici și puneți-le pe o tavă de copt unsă, aplatizați-le cu o furculiță. Se presara cu zahar demerara. Coaceți în cuptorul preîncălzit la 180°C/350°F/termostat 4 timp de 15 minute.

Momente de topire

Dă 16

100 g/4 oz/½ cană unt sau margarină, înmuiată

75 g/3 oz/1/3 cană zahăr pudră (foarte fin)

1 ou bătut

150 g/5 oz/1 ¼ cană făină simplă (universal)

10 ml/2 linguriţe praf de copt

Vârf de cuţit de sare

8 cireşe glazurate (confiate), tăiate la jumătate

Bateţi untul sau margarina şi zahărul împreună până devine uşor şi pufos. Amestecaţi treptat oul, apoi făina, praful de copt şi sarea. Frământaţi uşor până obţineţi un aluat neted. Modelaţi aluatul în 16 bile de aceeaşi dimensiune şi puneţi-le, bine distribuite, pe o tavă de copt unsă. Se aplatizeaza usor si apoi se presara peste fiecare jumatate de cirese. Coaceţi în cuptorul preîncălzit la 180°C/350°F/termostat 4 timp de 15 minute. Se răceşte pe tava de copt timp de 5 minute, apoi se transferă pe un grătar pentru a termina de răcit.

Fursecuri cu musli

Dă 24

100 g/4 oz/½ cană unt sau margarină

100 g/4 oz/1/3 cană miere pură

75 g/3 oz/1/3 cană zahăr brun moale

100 g/4 oz/1 cană făină de grâu integral (grâu integral)

100 g/4 oz/1 cană de ovăz rulat

50 g/2 oz/1/3 cană stafide

50 g/2 oz/1/3 cană stafide (stafide aurii)

2 oz / 1/3 cană curmale fără sâmburi (sâmbure), tocate

2 oz / 1/3 ceasca de caise uscate gata de consumat tocate

1 oz/¼ cană nuci, tocate

25 g/1 oz/¼ cană alune de pădure, tocate

Topiți untul sau margarina cu miere și zahăr. Adăugați restul ingredientelor și amestecați pentru a forma o pastă fermă. Pune linguri pe o tavă de copt unsă (tort) și aliniază-le. Coaceți biscuiții într-un cuptor preîncălzit la 180°C/350°F/termostat 4 timp de 20 de minute până devin aurii.

Fursecuri cu nuci

Dă 24

350 g/12 oz/1½ cani unt sau margarina, moale

350 g/12 oz/1½ cani de zahar pudra (foarte fin)

5 ml/1 lingurita esenta de vanilie (extract)

350 g/12 oz/3 căni de făină simplă (universal)

5 ml/1 lingurita bicarbonat de sodiu (bicarbonat de sodiu)

100 g/4 oz/1 cană nuci amestecate tocate

Bateţi untul sau margarina şi zahărul împreună până devine uşor şi pufos. Adăugaţi restul ingredientelor şi amestecaţi până se omogenizează bine. Se modelează în două rulouri lungi, se acoperă şi se dă la frigider timp de 30 de minute până se întăreşte.

Tăiaţi rulourile în felii de ¼/5 mm şi aşezaţi-le pe o tavă de copt unsă. Coaceţi prăjiturile într-un cuptor preîncălzit la 180°C/350°F/termostat 4 timp de 10 minute pană devin uşor aurii.

Prajituri crocante cu nuca

Dă 30

100 g/4 oz/½ cană zahăr brun moale

1 ou bătut

5 ml/1 lingurita esenta de vanilie (extract)

45 ml/3 linguri. lingură de făină simplă (universal)

100 g/4 oz/1 cană nuci amestecate tocate

Bateți zahărul cu oul și esența de vanilie, apoi adăugați făina și nucile. Pune linguri mici pe o tavă de copt unsă și unsă cu făină și se aplatizează ușor cu o furculiță. Coaceți biscuiții într-un cuptor preîncălzit la 190°C/375°F/termostat 5 timp de 10 minute.

Prajituri crocante cu scortisoara si nuca

Dă 24

100 g/4 oz/½ cană unt sau margarină, înmuiată

100 g/4 oz/½ cană zahăr pudră (foarte fin)

1 ou, batut usor

2,5 ml/½ linguriță esență de vanilie (extract)

175 g/6 oz/1½ cani de făină simplă (universal)

2,5 ml/½ linguriță. scorțișoară măcinată

2,5 ml/½ linguriță bicarbonat de sodiu (bicarbonat de sodiu)

100 g/4 oz/1 cană nuci amestecate tocate

Bateți untul sau margarina și zahărul împreună. Adăugați treptat 60 ml/4 linguri. linguri de ou si esenta de vanilie. Se amestecă făina, scorțișoara, bicarbonatul de sodiu și jumătate din nucă. Presă într-o tavă cu brânză elvețiană unsă și tapetată (forma pentru jeleu). Ungeți cu oul rămas și stropiți cu nucile rămase și apăsați ușor. Coaceți biscuiții într-un cuptor preîncălzit la 180°C/350°F/termostat 4 timp de 20 de minute până devin aurii. Se lasa la racit in tava inainte de a taia in batoane.

Biscuiti din fulgi de ovaz cu stafide

Dă 20

175 g/6 oz/¾ cană făină simplă (universal)

150 g/5 oz/1 ¼ cană de ovăz

5 ml/1 lingurita. ghimbir de pamant

2,5 ml/½ linguriță praf de copt

2,5 ml/½ linguriță bicarbonat de sodiu (bicarbonat de sodiu)

100 g/4 oz/½ cană zahăr brun moale

50 g/2 oz/1/3 cană stafide

1 ou, batut usor

150 ml/¼ pt/2/3 cană ulei

60 ml/4 linguri de lapte

Se amestecă ingredientele uscate, se amestecă stafidele și se face un godeu în mijloc. Adăugați oul, uleiul și laptele și amestecați un aluat omogen. Turnați amestecul pe o tavă unsă cu unsoare și aplatizați ușor cu o furculiță. Coaceți în cuptorul preîncălzit la 200°C/400°F/termostat 6 timp de 10 minute până devin aurii.

Fursecuri picante cu fulgi de ovaz

Dă 30

100 g/4 oz/½ cană unt sau margarină, înmuiată

100 g/4 oz/½ cană zahăr brun moale

100 g/4 oz/½ cană zahăr pudră (foarte fin)

1 ou

2,5 ml/½ linguriță esență de vanilie (extract)

100 g/4 oz/1 cană făină simplă (universal)

2,5 ml/½ linguriță bicarbonat de sodiu (bicarbonat de sodiu)

Vârf de cuțit de sare

5 ml/1 lingurita. scorțișoară măcinată

Un praf de nucsoara rasa

100 g/4 oz/1 cană de ovăz rulat

50 g/2 oz/½ cană nuci amestecate tocate

50 g/2 oz/½ cană chipsuri de ciocolată

Bateți untul sau margarina și zaharurile împreună până devine ușor și pufos. Adaugam treptat oul si esenta de vanilie. Combinați făina, bicarbonatul de sodiu, sare și piper și adăugați la amestec. Se amestecă fulgi de ovăz, nuci și fulgi de ciocolată. Puneți linguri grămadă pe o tavă unsă și coaceți biscuiții într-un cuptor preîncălzit la 180°C/350°F/termostat 4 timp de 10 minute până se rumenesc ușor.

Fursecuri integrale cu fulgi de ovaz

Dă 24

100 g/4 oz/½ cană unt sau margarină

200 g/7 oz/1¾ cană de ovăz

75 g/3 oz/¾ cană făină de grâu integral (grâu integral)

50 g/2 oz/½ cană făină simplă (universal)

5 ml/1 linguriță praf de copt

50 g/2 oz/¼ cană zahăr demerara

1 ou, batut usor

30 ml/2 linguri de lapte

Frecați untul sau margarina în fulgii de ovăz, făina și praful de copt până când amestecul seamănă cu pesmet. Adăugați zahărul, apoi amestecați oul și laptele pentru a forma un aluat tare. Întindeți aluatul pe o placă cu făină până la aproximativ ½"/1 cm grosime și tăiați-l în cercuri folosind un tăietor de prăjituri de 2"/5 cm. Pune fursecurile pe o tava unsa cu unt si coace in cuptorul preincalzit la 190°C/375°F/termostat 5 pentru aproximativ 15 minute pana devin aurii.

Prajituri cu portocale

Dă 24

100 g/4 oz/½ cană unt sau margarină, înmuiată

50 g/2 oz/¼ cană zahăr pudră (foarte fin)

Coaja rasa de la 1 portocala

150 g/5 oz/1 ¼ cani de făină auto-crescătoare

Bateți untul sau margarina și zahărul împreună până devine ușor și pufos. Îndoiți coaja de portocală și apoi adăugați făina pentru a obține un amestec tare. Formați bile mari de mărimea unei nuci și puneți-le pe o tavă de copt unsă, apoi apăsați ușor cu o furculiță pentru a se aplatiza. Coaceți biscuiții într-un cuptor preîncălzit la 180°C/350°F/termostat 4 timp de 15 minute până devin aurii.

Prajituri cu portocale si lamaie

Dă 30

2 oz/¼ cană/50 g unt sau margarină, înmuiată

75 g/3 oz/1/3 cană zahăr pudră (foarte fin)

1 galbenus

Coaja rasa de la ½ portocala

15 ml/1 lingură suc de lămâie

150 g/5 oz/1 ¼ cană făină simplă (universal)

2,5 ml/½ linguriță praf de copt

Vârf de cuțit de sare

Bateți untul sau margarina și zahărul împreună până devine ușor și pufos. Amestecați treptat gălbenușul de ou, coaja de portocală și sucul de lămâie, apoi amestecați făina, praful de copt și sarea pentru a forma un aluat tare. Înfășurați și înfășurați (folia de plastic) și lăsați la frigider pentru 30 de minute.

Se întinde pe o placă înfăinată până la o grosime de aproximativ ¼/5 mm și se decupează formele cu ajutorul unui tăietor de prăjituri. Pune biscuitii pe o tava unsa cu unt si coace in cuptorul preincalzit la 190°C/375°F/termostat 5 timp de 10 minute.

Prajituri cu portocale si nuca

Dă 16

100 g/4 oz/½ cană unt sau margarină

75 g/3 oz/1/3 cană zahăr pudră (foarte fin)

Coaja rasa de la ½ portocala

150 g/5 oz/1 ¼ cani de făină auto-crescătoare

2 oz/½ cană/50 g nuci, măcinate

Bateți untul sau margarina cu ¼ de cană/2 oz/50 g de zahăr și coaja de portocală până devine omogen și cremos. Adăugați făina și nucile și bateți din nou până când amestecul începe să se țină împreună. Formam bile si le asezam pe o tava unsa cu unt. Coaceți biscuiții într-un cuptor preîncălzit la 190°C/375°F/termostat 5 timp de 10 minute până când marginile devin aurii. Se presară cu zahărul rezervat și se lasă să se răcească înainte de a se transfera pe un grătar.

Biscuiti cu portocale cu ciocolata

Dă 30

2 oz/¼ cană/50 g unt sau margarină, înmuiată

75 g/3 oz/1/3 cană untură (grăsime)

175 g/6 oz/¾ cană zahăr brun moale

100 g/7 oz/1¾ cani de făină integrală (integrală)

75 g/3 oz/¾ cană migdale măcinate

10 ml/2 lingurițe praf de copt

75 g/3 oz/¾ cană chipsuri de ciocolată

Coaja rasa de la 2 portocale

15 ml/1 lingură suc de portocale

1 ou

Zahăr pudră (superfin) pentru stropire

Bateți untul sau margarina, untura și zahărul brun împreună până devin ușor și pufos. Adăugați celelalte ingrediente, cu excepția zahărului pudră și amestecați până la o pastă. Se întinde pe o placă cu făină până la o grosime de ¼/5 mm și se taie în fursecuri folosind un tăietor de prăjituri. Se pune pe o tava unsa cu unt si se coace in cuptorul preincalzit la 180°C/350°F/termostat 4 timp de 20 de minute pana devin aurii.

Fursecuri picante cu portocale

Dă 10

225 g/8 oz/2 căni de făină simplă (universal)

2,5 ml/½ linguriță. scorțișoară măcinată

un praf de condimente amestecate (plainta cu mere)

75 g/3 oz/1/3 cană zahăr pudră (foarte fin)

2/3 cană/5 oz/150 g unt sau margarină, înmuiată

2 galbenusuri de ou

Coaja rasa de la 1 portocala

75 g/3 oz/¾ cană ciocolată netedă (semidulce)

Se amestecă făina și condimentele, apoi se adaugă zahărul. Se amestecă untul sau margarina, gălbenușurile de ou și coaja de portocală și se amestecă pentru a forma o pastă netedă. Înfășurați în folie alimentară (folia de plastic) și dați la frigider pentru 1 oră.

Puneți aluatul într-o plină de paste prevăzută cu un vârf mare stea (vârf) și puneți-l lung pe o tavă de copt unsă. Coaceți în cuptorul preîncălzit la 190°C/375°F/termostat 5 timp de 10 minute până devin aurii. Lasă-l să se răcească.

Topiți ciocolata într-un castron termorezistent pus peste o oală cu apă clocotită. Înmuiați capetele fursecurilor în ciocolata topită și lăsați-le pe hârtie de copt până se întăresc.

Biscuiti cu unt de arahide

Dă 18

100 g/4 oz/½ cană unt sau margarină, înmuiată

100 g/4 oz/½ cană zahăr pudră (foarte fin)

100 g/4 oz/½ cană unt de arahide crocant sau neted

60 ml / 4 lingurițe sirop de aur (porumb ușor)

15 ml/1 lingura de lapte

175 g/6 oz/1½ cani de făină simplă (universal)

2,5 ml/½ linguriță bicarbonat de sodiu (bicarbonat de sodiu)

Bateți untul sau margarina și zahărul împreună până devine ușor și pufos. Se amestecă untul de arahide, urmat de siropul și laptele. Combinați făina și bicarbonatul de sodiu și amestecați în amestec, apoi amestecați până se omogenizează. Formați un buștean și dați la frigider până se întărește.

Tăiați în felii de ¼/5 mm grosime și puneți-le pe o tavă unsă ușor cu unt. Coaceți fursecurile într-un cuptor preîncălzit la 180°C/350°F/termostat 4 timp de 12 minute până devin aurii.

Unt de arahide și vârtej de ciocolată

Dă 24

2 oz/¼ cană/50 g unt sau margarină, înmuiată

50 g/2 oz/¼ cană zahăr brun moale

50 g/2 oz/¼ cană zahăr pudră (foarte fin)

50 g/2 oz/¼ cană unt de arahide cremos

1 galbenus

75 g/3 oz/¾ cană făină simplă (universal)

2,5 ml/½ linguriță bicarbonat de sodiu (bicarbonat de sodiu)

50 g/2 oz/½ cană ciocolată netedă (semidulce)

Bateți untul sau margarina și zaharurile împreună până devine ușor și pufos. Adăugați treptat untul de arahide, apoi gălbenușul de ou. Se amestecă făina cu bicarbonatul de sodiu și se amestecă în amestec, astfel încât să se formeze un aluat tare. Între timp, topește ciocolata într-un vas termorezistent pus peste o oală cu apă clocotită. Întindeți aluatul la 12 x 18 inchi/30 x 46 cm și ungeți cu ciocolată topită aproape până la margini. Rulați pe partea lungă, înfășurați în folie alimentară (film de plastic) și puneți la frigider să se întărească.

Tăiați rulada în felii de ¼/5 mm și puneți-le pe o tavă de copt unsă. Coaceți în cuptorul preîncălzit la 180 °C/350 °F/termostat 4 timp de 10 minute până devin aurii.

Prajituri cu unt de arahide si fulgi de ovaz

Dă 24

75 g/3 oz/1/3 cană unt sau margarină, moale

75 g/3 oz/1/3 cană unt de arahide

2/3 cană/5 oz/150 g zahăr brun moale

1 ou

50 g/2 oz/½ cană făină simplă (universal)

2,5 ml/½ linguriță praf de copt

Vârf de cuțit de sare

Câteva picături de esență de vanilie (extract)

75 g/3 oz/¾ cană de ovăz rulat

40 g/1½ oz/1/3 cană chipsuri de ciocolată

Bateți untul sau margarina, untul de arahide și zahărul până devine ușor și pufos. Adăugați treptat oul. Adăugați făina, praful de copt și sarea. Se amestecă esența de vanilie, fulgii de ovăz și fulgii de ciocolată. Puneți cu lingurițe pe o tavă unsă cu unsoare și coaceți scones într-un cuptor preîncălzit la 180°C/350°F/termostat 4 timp de 15 minute.

Unt de arahide cu miere si nuca de cocos

Dă 24

120 ml/4 fl oz/½ cană ulei

175 g/6 oz/½ cană miere pură

6 oz/¾ cană unt de arahide crocant

1 ou bătut

100 g/4 oz/1 cană de ovăz rulat

225 g/8 oz/2 căni de făină de grâu integral (grâu integral)

50 g/2 oz/½ cană nucă de cocos deshidratată (măruntită)

Combinați uleiul, mierea, untul de arahide și oul, apoi amestecați ingredientele rămase. Puneți lingurile pe o tavă unsă cu unsoare și aplatizați ușor până la o grosime de aproximativ ¼/6 mm. Coaceți fursecurile într-un cuptor preîncălzit la 180°C/350°F/termostat 4 timp de 12 minute până devin aurii.

Biscuiți pecan

Dă 24

100 g/4 oz/½ cană unt sau margarină, înmuiată

45 ml/3 linguri. zahăr brun moale

100 g/4 oz/1 cană făină simplă (universal)

Vârf de cuțit de sare

5 ml/1 lingurita esenta de vanilie (extract)

100 g/4 oz/1 cană nuci pecan, tocate mărunt

Zahăr pudră (cofetarie), cernut, pentru stropire

Bateți untul sau margarina și zahărul împreună până devine ușor și pufos. Adăugați treptat celelalte ingrediente, cu excepția zahărului pudră. Formați bile de 1,5 inci/3 cm și puneți-le pe o tavă de copt unsă. Coaceți biscuiții într-un cuptor preîncălzit la o temperatură de 160 °C/325 °F/termostat 3 timp de 15 minute până devin aurii. Se serveste presarata cu zahar pudra.

Prajituri la moara

Dă 24

175 g/6 oz/1½ cani de făină simplă (universal)

5 ml/1 linguriță praf de copt

Vârf de cuțit de sare

75 g/3 oz/1/3 cană unt sau margarină

75 g/3 oz/1/3 cană zahăr pudră (foarte fin)

Câteva picături de esență de vanilie (extract)

20 ml/4 lingurițe de apă

10 ml/2 linguri. cacao pudră (ciocolată neîndulcită)

Se amestecă făina, praful de copt și sarea, apoi se amestecă untul sau margarina până când amestecul seamănă cu pesmet. Se amestecă zahărul. Adaugati esenta de vanilie si apa si amestecati pentru a obtine o pasta fina. Formați o minge, apoi tăiați în jumătate. Adăugați cacao la jumătate din aluat. Rulați fiecare bucată de aluat într-un dreptunghi de 25 x 18 cm/10 x 7 inci și stivuiți-le una peste alta. Rulați ușor pentru a se lipi. Rulați aluatul din partea lungă și apăsați ușor. Înfășurați în folie alimentară (folia de plastic) și dați la frigider pentru aproximativ 30 de minute.

Tăiați felii groase de 2,5 cm și aranjați-le, bine distanțate, pe o tavă de copt unsă. Coaceți biscuiții într-un cuptor preîncălzit la 180°C/350°F/termostat 4 timp de 15 minute până devin aurii.

Prajituri Rapide cu Zara

Dă 12

75 g/3 oz/1/3 cană unt sau margarină

225 g/8 oz/2 căni de făină simplă (universal)

15 ml/1 linguriță praf de copt

2,5 ml/½ linguriță de sare

6 fl oz/¾ cană lapte de unt/175 ml

Zahăr pudră (pentru cofetărie), cernut, pentru stropire (opțional)

Frecați untul sau margarina în făină, praf de copt și sare până când amestecul seamănă cu pesmet. Adăugați treptat zara pentru a obține un aluat moale. Întindeți amestecul pe o placă cu făină până la o grosime de aproximativ ¾/2 cm și tăiați-l rondele cu un tăietor de prăjituri. Pune fursecurile pe o tava unsa cu unt si coace in cuptorul preincalzit la 230°C/450°F/termostat 8 timp de 10 minute pana devin aurii. Se presara cu zahar pudra daca se doreste.

Fursecuri cu stafide

Dă 24

100 g/4 oz/½ cană unt sau margarină, înmuiată

50 g/2 oz/¼ cană zahăr pudră (foarte fin)

Coaja rasă de la 1 lămâie

50 g/2 oz/1/3 cană stafide

150 g/5 oz/1 ¼ cani de făină auto-crescătoare

Bateți untul sau margarina și zahărul împreună până devine ușor și pufos. Lucrați coaja de lămâie, apoi adăugați stafidele și făina pentru a forma un amestec tare. Formați bile mari de mărimea unei nuci și puneți-le pe o tavă de copt unsă, apoi apăsați ușor cu o furculiță pentru a se aplatiza. Coaceți biscuiții într-un cuptor preîncălzit la 180°C/350°F/termostat 4 timp de 15 minute până devin aurii.

Fursecuri umede cu stafide

Dă 36

100 g/4 oz/2/3 cană stafide

90 ml/6 linguri de apă clocotită

2 oz/¼ cană/50 g unt sau margarină, înmuiată

175 g/6 oz/¾ cană zahăr pudră (foarte fin)

1 ou, batut usor

2,5 ml/½ linguriță esență de vanilie (extract)

175 g/6 oz/1½ cani de făină simplă (universal)

2,5 ml/½ linguriță praf de copt

1,5 ml/¼ lingurita de bicarbonat de sodiu (bicarbonat de sodiu)

2,5 ml/½ linguriță de sare

2,5 ml/½ linguriță. scorțișoară măcinată

Un praf de nucsoara rasa

50 g/2 oz/½ cană nuci amestecate tocate

Puneti stafidele si apa clocotita intr-o oala, aduceti la fiert, acoperiti si gatiti 3 minute. Lasă-l să se răcească. Bateți untul sau margarina și zahărul împreună până devine ușor și pufos. Adaugam treptat oul si esenta de vanilie. Se amestecă făina, praful de copt, bicarbonatul de sodiu, sarea și piperul alternativ cu stafidele și lichidul de înmuiat. Adăugați nucile și amestecați pentru a forma un aluat moale. Înfășurați în folie alimentară (folie de plastic) și lăsați la frigider pentru cel puțin 1 oră.

Puneti aluatul pe o tava unsa cu unt si coaceti fursecurile in cuptorul preincalzit la 180 °C/350 °F/termostat 4 timp de 10 minute pana devin aurii.

Felii de stafide și melasă

Dă 24

25 g/1 oz/2 linguri. linguri de unt sau margarină, înmuiate

100 g/4 oz/½ cană zahăr pudră (foarte fin)

1 galbenus

30 ml/2 linguri melasă (melasă)

75 g/3 oz/½ cană coacăze

150 g/5 oz/1 ¼ cană făină simplă (universal)

5 ml/1 lingurita bicarbonat de sodiu (bicarbonat de sodiu)

5 ml/1 lingurita. scorțișoară măcinată

Vârf de cuțit de sare

30 ml/2 linguri cafea neagra rece

Bateți untul sau margarina și zahărul împreună până devine ușor și pufos. Se amestecă treptat gălbenușul de ou și melasa, apoi se amestecă coacăzele. Se amestecă făina, bicarbonatul de sodiu, scorțișoara și sarea și se amestecă în amestecul de cafea. Acoperiți amestecul și puneți-l la frigider.

Întindeți până la un pătrat de 12 inchi/30 cm, apoi rulați într-o formă de buștean. Se aseaza pe o tava unsa cu unt si se coace in cuptorul preincalzit la 180°C/termostat 4 timp de 15 minute pana se taie la atingere. Se taie felii, apoi se lasa la racit pe un gratar.

Biscuiti Ratafia

Dă 16

100 g/4 oz/½ cană zahăr granulat

50 g/2 oz/¼ cană migdale măcinate

15 ml/1 lingura de orez macinat

1 albus de ou

1 oz/¼ cană de migdale mărunțite (tocate)

Se amestecă zahărul, migdalele măcinate și orezul măcinat. Adaugam albusul si batem in continuare 2 minute. Folosind un vârf plat de ¼/5 mm (vârf), aranjați fursecurile de mărimea unei nuci pe o foaie de copt tapetată cu hârtie de orez. Puneți o migdale tăiate deasupra fiecărui prăjitură. Coaceți în cuptorul preîncălzit la 190°C/375°F/termostat 5 timp de 15 minute până devin aurii.

Prajituri cu orez si musli

Dă 24

75 g/3 oz/¼ cană de orez brun fiert

50 g/2 oz/½ cană de muesli

75 g/3 oz/¾ cană făină de grâu integral (grâu integral)

2,5 ml/½ linguriță de sare

2,5 ml/½ linguriță bicarbonat de sodiu (bicarbonat de sodiu)

5 ml/1 lingurita. piper măcinat (plăcintă cu mere)

30 ml/2 linguri de miere pura

75 g/3 oz/1/3 cană unt sau margarină, moale

Amestecați orezul, muesli, făina, sarea, bicarbonatul de sodiu și amestecul de condimente. Crema mierea si untul sau margarina impreuna pana se inmoaie. Se amestecă în amestecul de orez. Din amestec formați bile de mărimea unei nuci și puneți-le pe foi de copt unse. Se aplatizează ușor și apoi se coace într-un cuptor preîncălzit la 190°C/375°F/termostat 5 timp de 15 minute sau până devin aurii. Lăsați să se răcească timp de 10 minute, apoi transferați pe un grătar pentru a termina răcirea. depozitați într-un recipient ermetic.

Creme de romi

Dă 10

25 g/1 oz/2 linguri untură (grăsime)

25 g/1 oz/2 linguri. linguri de unt sau margarină, înmuiate

50 g/2 oz/¼ cană zahăr brun moale

2,5 ml/½ linguriță. sirop de aur (porumb ușor)

50 g/2 oz/½ cană făină simplă (universal)

Vârf de cuțit de sare

25 g/1 oz/¼ cană de ovăz rulat

2,5 ml/½ linguriță. piper măcinat (plăcintă cu mere)

2,5 ml/½ linguriță bicarbonat de sodiu (bicarbonat de sodiu)

10 ml/2 lingurițe de apă clocotită

glazura cu crema

Bateți untura, untul sau margarina și zahărul împreună, până devin ușoare și pufoase. Se amestecă siropul, apoi se adaugă făina, sarea, fulgii de ovăz și condimentele amestecate și se amestecă până se combină bine. Dizolvați bicarbonatul de sodiu în apă și amestecați pentru a forma o pastă tare. Formați 20 de bile mici de aceeași dimensiune și puneți-le pe o tavă de copt unsă. Aplatizați ușor cu palma mâinii. Coaceți în cuptorul preîncălzit la 160°C/325°F/termostat 3 timp de 15 minute. Se lasa sa se raceasca pe foi de copt. După răcire, acoperiți perechile de fursecuri cu glazura de cremă de unt (glazură).

Prajituri scurte

Dă 48

100 g/4 oz/½ cană unt tare sau margarină, înmuiată

225 g/8 oz/1 cană zahăr brun moale

1 ou, batut usor

225 g/8 oz/2 căni de făină simplă (universal)

Glazura de albus de ou

30 ml/2 linguri. o lingură de alune zdrobite

Bateți untul sau margarina și zahărul împreună până devine ușor și pufos. Bateți oul și apoi adăugați făina. Se intinde foarte subtire pe o tabla tapata cu faina si se taie forme cu ajutorul unui taietor de biscuiti. Pune fursecurile pe o tava unsa cu unt, se unge cu albus si se presara cu alune. Coaceți în cuptorul preîncălzit la 180 °C/350 °F/termostat 4 timp de 10 minute până devin aurii.

Fursecuri cu smantana

Dă 24

2 oz/¼ cană/50 g unt sau margarină, înmuiată

175 g/6 oz/¾ cană zahăr pudră (foarte fin)

1 ou

60 ml / 4 linguriţe de smântână dulce-acrişoară

2. 5 ml/½ linguriţă esenţă de vanilie (extract)

150 g/5 oz/1 ¼ cană făină simplă (universal)

2,5 ml/½ linguriţă praf de copt

75 g/3 oz/½ cană stafide

Bateţi untul sau margarina şi zahărul împreună până devine uşor şi pufos. Amesteca treptat oul, smantana si esenta de vanilie. Combinaţi făina, praful de copt şi stafidele şi amestecaţi în amestec până se omogenizează bine. Se toarnă linguri grămadă din amestec pe foile de copt unse uşor şi se coace într-un cuptor preîncălzit la 180°C/350°F/termostat 4 timp de aproximativ 10 minute până se fixează.

Biscuiti cu zahar brun

Dă 24

100 g/4 oz/½ cană unt sau margarină, înmuiată

100 g/4 oz/½ cană zahăr brun moale

1 ou, batut usor

2,5 ml/1 linguriță esență de vanilie (extract)

150 g/5 oz/1 ¼ cană făină simplă (universal)

2,5 ml/½ linguriță bicarbonat de sodiu (bicarbonat de sodiu)

Vârf de cuțit de sare

75 g/3 oz/½ cană stafide (stafide aurii)

Bateți untul sau margarina şi zahărul împreună până devine uşor şi pufos. Adaugam treptat oul si esenta de vanilie. Amestecați ingredientele rămase până la omogenizare. Turnați lingurițe grămadă bine distribuite pe o tavă de copt uşor unsă. Coaceți fursecurile într-un cuptor preîncălzit la 180°C/350°F/termostat 4 timp de 12 minute până devin aurii.

Biscuiti cu zahar si nucsoara

Dă 24

2 oz/¼ cană/50 g unt sau margarină, înmuiată

100 g/4 oz/½ cană zahăr pudră (foarte fin)

1 galbenus

2,5 ml/½ linguriță esență de vanilie (extract)

150 g/5 oz/1 ¼ cană făină simplă (universal)

5 ml/1 linguriță praf de copt

Un praf de nucsoara rasa

60 ml / 4 lingurițe de smântână dulce-acrișoară

Bateți untul sau margarina și zahărul împreună până devine ușor și pufos. Se adauga galbenusul de ou si esenta de vanilie, apoi se adauga faina, praful de copt si nucsoara. Amestecați crema până se omogenizează. Acoperiți și lăsați la frigider pentru 30 de minute.

Se intinde aluatul la o grosime de 5 mm si se taie cu ajutorul unui cutter in cercuri de 5 cm/2. Puneți biscuiții pe o foaie de copt neunsă și coaceți într-un cuptor preîncălzit la 200°C/400°F/termostat 6 timp de 10 minute până devin aurii.

patiserie de Crăciun

Dă 12

175 g/6 oz/¾ cană unt sau margarină

2¼ căni/9 oz/250 g făină simplă (universal)

75 g/3 oz/1/3 cană zahăr pudră (foarte fin)

Pentru decor:

15 ml/1 lingurita migdale tocate

15 ml/1 lingurita de nuci, tocate

30 ml/2 linguri. stafide

30 ml/2 linguri. linguri de cirese glazurate (confiate), tocate

Coaja rasă de la 1 lămâie

15 ml/1 lingură zahăr pudră (foarte fin) pentru stropire

Frecați untul sau margarina în făină până când amestecul seamănă cu pesmet. Se amestecă zahărul. Apăsați amestecul în aluat și frământați până se omogenizează. Presă într-o formă unsă pentru pâine elvețiană (jeleu) și netezește suprafața. Se amestecă ingredientele pentru umplutură și se presează în aluat. Marcați 12 cu degetele, apoi coaceți în cuptorul preîncălzit la 180°C/350°F/termostat 4 timp de 30 de minute. Se presara cu zahar pudra, se taie in degete si se lasa la racit in forma.

Produse de patiserie cu miere

Dă 12

100 g/4 oz/½ cană unt sau margarină, înmuiată

75 g/3 oz/¼ cană miere

200 g/7 oz/1¾ cani de făină integrală (integrală)

25 g/1 oz/¼ cană făină de orez brun

Coaja rasă de la 1 lămâie

Bateți untul sau margarina și mierea împreună până se înmoaie. Adaugati faina si coaja de lamaie si lucrati pana obtineti un aluat moale. Presați într-o formă de chec unsă și unsă cu făină sau de chec cu diametrul de 7/18 cm și înțepați cu o furculiță. Marcați 12 puncte și apăsați marginile. Dam la frigider pentru 1 ora.

Coaceți în cuptorul preîncălzit la 150°C/300°F/termostat 2 timp de 40 de minute până devin aurii. Tăiați în bucăți marcate și lăsați să se răcească în tigaie.

Aluat de lămâie

Dă 12

100 g/4 oz/1 cană făină simplă (universal)

50 g/2 oz/½ cană făină de porumb (amidon de porumb)

100 g/4 oz/½ cană unt sau margarină, înmuiată

50 g/2 oz/¼ cană zahăr pudră (foarte fin)

Coaja rasă de la 1 lămâie

Zahăr pudră (superfin) pentru stropire

Cerneți făina și amidonul de porumb împreună. Cremă untul sau margarina până când se înmoaie, apoi adăugați zahărul pudră până devine palid și pufos. Se amestecă coaja de lămâie, apoi se amestecă amestecul de făină până se omogenizează bine. Întindeți aluatul scurt într-un cerc cu diametrul de 8 cm/20 cm și puneți-l pe o tavă de copt unsă. Înțepați întregul cu o furculiță și aliniați marginile. Tăiați în 12 felii, apoi stropiți cu zahăr pudră. Se lasa la racit la frigider 15 minute. Coaceți în cuptorul preîncălzit la 160°C/325°F/termostat 3 timp de 35 de minute până devin aurii. Lăsați să se răcească pe tava de copt timp de 5 minute, apoi răsturnați pe un grătar pentru a termina de răcit.

Aluat crocant din carne tocată

Dă 8

6 oz/¾ cană/175 g unt sau margarină, înmuiată

50 g/2 oz/¼ cană zahăr pudră (foarte fin)

225 g/8 oz/2 căni de făină simplă (universal)

60 ml / 4 lingurițe carne tocată

Bate untul sau margarina si zaharul pana se inmoaie. Se adauga faina, apoi carnea tocata. Presă într-o tavă de sandvici de 23 cm și nivelează partea de sus. Înțepăți întregul cu o furculiță și tăiați în opt felii, pe care le tăiați până la bază. Dam la frigider pentru 1 ora.

Coaceți într-un cuptor preîncălzit la 160°C/325°F/termostat 3 timp de 1 oră până când sunt paiele palide. Se lasa sa se raceasca in tava inainte de a le da.

Biscuiti cu nuci

Dă 12

100 g/4 oz/½ cană unt sau margarină, înmuiată

50 g/2 oz/¼ cană zahăr pudră (foarte fin)

100 g/4 oz/1 cană făină simplă (universal)

50 g/2 oz/½ cană de orez măcinat

2 oz/½ cană/50 g migdale, tocate mărunt

Bateți untul sau margarina și zahărul până devine ușor și pufos. Se amestecă făina și orezul măcinat. Adăugați nucile și amestecați pentru a forma o pastă fermă. Se amestecă ușor până se omogenizează. Apăsați în fundul formei de pâine elvețiană unsă (jeleu) și neteziți suprafața. Înțepați peste tot cu o furculiță. Coaceți în cuptorul preîncălzit la 160°C/325°F/termostat 3 timp de 45 de minute până devin aurii. Se lasa sa se raceasca in tava 10 minute, apoi se taie in degete. Se lasa sa se raceasca in tava inainte de a le da.

Aluat de portocale

Dă 12

100 g/4 oz/1 cană făină simplă (universal)

50 g/2 oz/½ cană făină de porumb (amidon de porumb)

100 g/4 oz/½ cană unt sau margarină, înmuiată

50 g/2 oz/¼ cană zahăr pudră (foarte fin)

Coaja rasa de la 1 portocala

Zahăr pudră (superfin) pentru stropire

Cerneți făina și amidonul de porumb împreună. Cremă untul sau margarina până când se înmoaie, apoi adăugați zahărul pudră până devine palid și pufos. Se amestecă coaja de portocală, apoi se amestecă amestecul de făină până se omogenizează bine. Întindeți aluatul scurt într-un cerc cu diametrul de 8 cm/20 cm și puneți-l pe o tavă de copt unsă. Înțepăți întregul cu o furculiță și aliniați marginile. Tăiați în 12 felii, apoi stropiți cu zahăr pudră. Se lasa la racit la frigider 15 minute. Coaceți în cuptorul preîncălzit la 160°C/325°F/termostat 3 timp de 35 de minute până devin aurii. Lăsați să se răcească pe tava de copt timp de 5 minute, apoi răsturnați pe un grătar pentru a termina de răcit.

Produse de patiserie gustoase pentru un om bogat

Dă 36

Pentru baza:

225 g/8 oz/1 cană unt sau margarină

275 g/10 oz/2½ căni de făină simplă (universal)

100 g/4 oz/½ cană zahăr pudră (foarte fin)

Pentru umplutura:

225 g/8 oz/1 cană unt sau margarină

225 g/8 oz/1 cană zahăr brun moale

60 ml / 4 lingurițe sirop de aur (porumb ușor)

400 g/14 oz lapte condensat conservat

Câteva picături de esență de vanilie (extract)

Pentru decor:

225 g/8 oz/2 căni de ciocolată netedă (semidulce)

Pregătiți baza frecând unt sau margarină în făină, apoi adăugați zahărul și frământați amestecul într-un aluat tare. Apăsați în fundul unei tavi de brânză elvețiană unsă (forma pentru jeleu) tapetată cu folie de aluminiu. Coaceți în cuptorul preîncălzit la 180°C/350°F/termostat 4 timp de 35 de minute până devin aurii. Se lasa la racit in forma.

Pentru a pregăti umplutura, topește într-o cratiță untul sau margarina, zahărul, siropul și laptele condensat la foc mic, amestecând continuu. Se aduce la fierbere, apoi se fierbe usor timp de 7 minute, amestecand continuu. Se ia de pe foc, se adauga esenta de vanilie si se bate bine. Se toarnă peste bază și se lasă să se răcească și să se întărească.

Topiți ciocolata într-un castron termorezistent pus peste o oală cu apă clocotită. Întindeți-o pe stratul de caramel și faceți modele cu o furculiță. Se lasă să se răcească și să se stabilească, apoi se taie în pătrate.

Ovăz integral

Dă 10

100 g/4 oz/½ cană unt sau margarină

150 g/5 oz/1 ¼ cani făină de grâu integral (grâu integral)

25 g/1 oz/¼ cană făină de ovăz

50 g/2 oz/¼ cană zahăr brun moale

Frecați untul sau margarina în făină până când amestecul seamănă cu pesmet. Adăugați zahărul și amestecați ușor până obțineți un aluat moale și sfărâmicios. Se intinde pe o suprafata infainata pana la o grosime de aproximativ 1 cm si se taie cu ajutorul unui cutter rondele de 2/5 cm. Transferați cu grijă într-o tavă unsă cu unsoare și coaceți în cuptorul preîncălzit la 150°C/300°F/termostat 3 pentru aproximativ 40 de minute, până când devin maronii și fermi.

Vârtej de migdale

Dă 16

6 oz/¾ cană/175 g unt sau margarină, înmuiată

1/3 cană/2 oz/50 g zahăr pudră (pentru cofetari), cernut

2,5 ml/½ linguriță. esență de migdale (extract)

175 g/6 oz/1½ cani de făină simplă (universal)

8 cireșe glazurate (confiate), tăiate în jumătate sau sferturi

Zahăr pudră (cofetarie), cernut, pentru stropire

Bateți untul sau margarina și zahărul împreună. Se adauga esenta de migdale si faina. Transferați amestecul într-o pungă prevăzută cu o duză mare stea (vârf). Puneți 16 spirale plate pe o foaie de copt unsă. Decorați fiecare cu o bucată de cireșe. Coaceți în cuptorul preîncălzit la 160°C/325°F/termostat 3 timp de 20 de minute până devin aurii. Se lasa sa se raceasca pe tava pentru copt 5 minute, apoi se transfera pe un gratar si se presara cu zahar pudra.

Bezele de ciocolată

Dă 24

100 g/4 oz/½ cană unt sau margarină, înmuiată

5 ml/1 lingurita esenta de vanilie (extract)

4 albusuri

200 g/7 oz/1¾ cani de făină simplă (universal)

50 g/2 oz/¼ cană zahăr pudră (foarte fin)

45 ml/3 linguri cacao pudra (ciocolata neindulcita)

2/3 cană/4 oz/100 g zahăr pudră (de cofetarie), cernut

Bate untul sau margarina, esenta de vanilie si doua albusuri. Se amestecă făina, zahărul și cacao și se amestecă treptat în amestecul de unt. Presă într-o tavă pătrată de 30 cm/12 cu unt. Bateți albușurile rămase cu zahăr pudră și întindeți deasupra. Coaceți în cuptorul preîncălzit la 190 °C/375 °F/termostat 5 timp de 20 de minute până devin aurii. Tăiați în bețișoare.

Cookie

Randament aproximativ 12

100 g/4 oz/½ cană unt sau margarină, înmuiată

100 g/4 oz/½ cană zahăr pudră (foarte fin)

1 ou bătut

225 g/8 oz/2 căni de făină simplă (universal)

Câteva coacăze și cireșe glazurate (confiate)

Bateți untul sau margarina și zahărul împreună. Adăugați treptat oul și bateți energic. Se amestecă făina folosind o lingură de metal. Întindeți amestecul pe o placă cu făină până la o grosime de aproximativ ¼/5 mm. Tăiați oamenii folosind un tăietor de biscuiți sau un cuțit și rulați din nou resturile până se epuizează tot aluatul. Se aseaza pe o tava de copt unsa (tort) si se presara agrise pentru ochi si nasturi. Tăiați cireșele pentru gură. Coaceți biscuiții într-un cuptor preîncălzit la 190°C/375°F/termostat 5 timp de 10 minute până când se rumenesc deschis. Se lasa sa se raceasca pe un gratar.

Fursec glazurat cu ghimbir

Face două prăjituri de 8"/20 cm

Pentru paine scurte:
8 oz/1 cană de unt sau margarină, înmuiată

100 g/4 oz/½ cană zahăr pudră (foarte fin)

275 g/10 oz/2½ căni de făină simplă (universal)

10 ml/2 lingurițe praf de copt

10 ml/2 linguri. ghimbir de pamant

Pentru topping (glazură):
2 oz/¼ cană/50 g unt sau margarina

15 ml/1 linguriță sirop de aur (porumb ușor)

2/3 cană/4 oz/100 g zahăr pudră (de cofetarie), cernut

5 ml/1 lingurita. ghimbir de pamant

Pentru a face tortul, cremă împreună untul sau margarina și zahărul până devine ușor și pufos. Se amestecă ingredientele rămase pentru prăjitură pentru a forma un aluat, se împarte amestecul în jumătate și se presează în două forme de sandvici unse cu unt de 8/20 cm. Coaceți în cuptorul preîncălzit la 160°C/325°F/gazmark 3 timp de 40 de minute.

Pentru a face toppingul, topiți untul sau margarina și siropul într-o cratiță. Adăugați zahăr pudră și ghimbir și amestecați bine. Se toarnă peste două prăjituri și se lasă să se răcească, apoi se taie în luni.

Biscuiți Shrewsbury

Dă 24

100 g/4 oz/½ cană unt sau margarină, înmuiată

100 g/4 oz/½ cană zahăr pudră (foarte fin)

1 galbenus

225 g/8 oz/2 căni de făină simplă (universal)

5 ml/1 linguriță praf de copt

5 ml/1 lingurita. coaja de lamaie rasa

Bateți untul sau margarina și zahărul împreună până devine ușor și pufos. Amestecați treptat gălbenușul de ou, apoi făina, praful de copt și coaja de lămâie, terminând cu mâinile până când amestecul se oprește. Se ruleaza la o grosime de 5 mm si se taie in rondele de 6 cm folosind o matrita. Așezați fursecurile bine depărtate pe o foaie de copt unsă și înțepați-le cu o furculiță. Coaceți în cuptorul preîncălzit la 180°C/350°F/termostat 4 timp de 15 minute până devine auriu.

Biscuiți spanioli cu condimente

Dă 16

90 ml/6 linguri ulei de măsline

100 g/4 oz/½ cană zahăr granulat

100 g/4 oz/1 cană făină simplă (universal)

15 ml/1 linguriță praf de copt

10 ml/2 linguri. scorțișoară măcinată

3 oua

Coaja rasă de la 1 lămâie

30 ml/2 linguri de zahar pudra (cofetar), cernut

Încinge uleiul într-o cratiță mică. Se amestecă zahărul, făina, praful de copt și scorțișoara. Într-un alt castron, bateți ouăle și coaja de lămâie până la o consistență pufoasă. Amestecați ingredientele uscate și uleiul pentru a forma un aluat neted. Turnați aluatul într-o tavă elvețiană bine unsă și coaceți în cuptorul preîncălzit la 180°C/350°F/termostat 4 timp de 30 de minute până devin aurii. Întoarceți-le, lăsați-le să se răcească, apoi tăiați-le în triunghiuri și stropiți prăjiturile cu zahăr pudră.

Biscuiți cu condimente de modă veche

Dă 24

75 g/3 oz/1/3 cană unt sau margarină

50 g/2 oz/¼ cană zahăr pudră (foarte fin)

45 ml/3 linguri melasă neagră (melasă)

175 g/6 oz/¾ cană făină simplă (universal)

5 ml/1 lingurita. scorțișoară măcinată

5 ml/1 lingurita. piper măcinat (plăcintă cu mere)

2,5 ml/½ linguriță. ghimbir de pamant

2,5 ml/½ linguriță bicarbonat de sodiu (bicarbonat de sodiu)

Topiți untul sau margarina, zahărul și melasa la foc mic. Amestecați făina, piperul și bicarbonatul de sodiu într-un castron. Se toarnă în amestecul de melasă și se amestecă până se omogenizează. Se amestecă aluatul moale și se formează bile mici. Se aseaza bine deoparte pe o tava unsa cu unt si se presara cu o furculita. Coaceți biscuiții într-un cuptor preîncălzit la 180°C/350°F/termostat 4 timp de 12 minute până când sunt fermi și aurii.

Fursecuri cu melasa

Dă 24

75 g/3 oz/1/3 cană unt sau margarină, moale

100 g/4 oz/½ cană zahăr brun moale

1 galbenus

30 ml/2 linguri melasă (melasă)

100 g/4 oz/1 cană făină simplă (universal)

5 ml/1 lingurita bicarbonat de sodiu (bicarbonat de sodiu)

Vârf de cuțit de sare

5 ml/1 lingurita. scorțișoară măcinată

2,5 ml/½ linguriță cuișoare măcinate

Bateți untul sau margarina și zahărul până devine ușor și pufos. Adăugați treptat gălbenușul și melasa. Combinați făina, bicarbonatul de sodiu, sarea și piperul și amestecați în amestec. Acoperiți și dați la frigider.

Rulați amestecul în bile de 3 cm și puneți-le pe o tavă unsă cu unt. Coaceți biscuiții într-un cuptor preîncălzit la 180°C/350°F/termostat 4 timp de 10 minute până se întăresc.

Melasa, prajituri cu caise si nuca

Dă aproximativ 24

2 oz/¼ cană/50 g unt sau margarină

50 g/2 oz/¼ cană zahăr pudră (foarte fin)

50 g/2 oz/¼ cană zahăr brun moale

1 ou, batut usor

2,5 ml/½ linguriță bicarbonat de sodiu (bicarbonat de sodiu)

30 ml/2 linguri de apă călduță

45 ml/3 linguri melasă neagră (melasă)

25 g/1 oz caise uscate gata preparate, tocate

25 g/1 oz/¼ cană nuci amestecate tocate

100 g/4 oz/1 cană făină simplă (universal)

Vârf de cuțit de sare

Un praf de cuișoare măcinate

Bateți untul sau margarina și zaharurile împreună până devine ușor și pufos. Adăugați treptat oul. Amesteca bicarbonatul de sodiu cu apa, adauga-l la amestecul cu restul ingredientelor. Pune linguri pe o tava unsa cu unt si coace in cuptorul preincalzit la 180°C/350°F/termostat 4 timp de 10 minute.

Melasa si prajituri cu lapte de unt

Dă 24

2 oz/¼ cană/50 g unt sau margarină, înmuiată

50 g/2 oz/¼ cană zahăr brun moale

¼ pct/2/3 căni/150 ml melasă cu curele negre

¼ pct/150 ml/2/3 cană zară

175 g/6 oz/1½ cani de făină simplă (universal)

2,5 ml/½ linguriță bicarbonat de sodiu (bicarbonat de sodiu)

Bateți untul sau margarina și zahărul împreună până devin ușor și pufos, apoi adăugați melasa și zara alternativ cu făina și bicarbonatul de sodiu. Puneți linguri mari pe o tavă unsă și coaceți în cuptorul preîncălzit la 190°C/375°F/termostat 5 timp de 10 minute.

Melasa si biscuiti de cafea

Dă 24

2½ uncii/60 g/1/3 cană untură (grăsime)

50 g/2 oz/¼ cană zahăr brun moale

75 g/3 oz/¼ cană melasă neagră

2,5 ml/½ linguriță esență de vanilie (extract)

200 g/7 oz/1¾ cani de făină simplă (universal)

5 ml/1 lingurita bicarbonat de sodiu (bicarbonat de sodiu)

Vârf de cuțit de sare

2,5 ml/½ linguriță. ghimbir de pamant

2,5 ml/½ linguriță. scorțișoară măcinată

60 ml / 4 lingurițe de cafea neagră rece

Bate untura si zaharul pana devine usoara si pufoasa. Se amestecă melasa și esența de vanilie. Se amestecă făina, bicarbonatul de sodiu, sarea și piperul și se amestecă în amestec alternativ cu cafeaua. Acoperiți și lăsați la frigider câteva ore.

Se intinde aluatul la o grosime de 5 mm si se taie cu ajutorul unui cutter in cercuri de 5 cm/2. Se aseaza biscuitii pe o tava neunsa si se coace in cuptorul preincalzit la 190°C/termostat 5 pentru 10 minute, pana devin fermi la atingere.

Melasa si prajituri cu curmale

Dă aproximativ 24

2 oz/¼ cană/50 g unt sau margarină, înmuiată

50 g/2 oz/¼ cană zahăr pudră (foarte fin)

50 g/2 oz/¼ cană zahăr brun moale

1 ou, batut usor

2,5 ml/½ linguriță bicarbonat de sodiu (bicarbonat de sodiu)

30 ml/2 linguri de apă călduță

45 ml/3 linguri melasă neagră (melasă)

1 oz/¼ cană curmale fără sâmburi (sâmbure), tocate

100 g/4 oz/1 cană făină simplă (universal)

Vârf de cuțit de sare

Un praf de cuișoare măcinate

Bateți untul sau margarina și zaharurile împreună până devine ușor și pufos. Adăugați treptat oul. Amestecați bicarbonatul de sodiu cu apa și apoi amestecați în amestecul cu restul ingredientelor. Pune linguri pe o tava unsa cu unt si coace in cuptorul preincalzit la 180°C/350°F/termostat 4 timp de 10 minute.

Biscuiți cu melasă și ghimbir

Dă 24

2 oz/¼ cană/50 g unt sau margarină, înmuiată

50 g/2 oz/¼ cană zahăr brun moale

¼ pct/2/3 căni/150 ml melasă cu curele negre

¼ pct/150 ml/2/3 cană zară

175 g/6 oz/1½ cani de făină simplă (universal)

2,5 ml/½ linguriță bicarbonat de sodiu (bicarbonat de sodiu)

2,5 ml/½ linguriță. ghimbir de pamant

1 ou batut pentru glazura

Bateți untul sau margarina și zahărul împreună până devin ușor și pufos, apoi adăugați melasa și zara alternativ cu făina, bicarbonatul de sodiu și ghimbirul măcinat. Asezati linguri mari pe o tava unsa cu unt si ungeti cu ou batut. Coaceți în cuptorul preîncălzit la 190°C/375°F/termostat 5 timp de 10 minute.

Fursecuri cu vanilie

Dă 24

2/3 cană/5 oz/150 g unt sau margarină, înmuiată

100 g/4 oz/½ cană zahăr pudră (foarte fin)

1 ou bătut

225 g/8 oz/2 căni de făină auto-crescătoare (auto-crescătoare)

Vârf de cuțit de sare

10 ml/2 linguri. esență de vanilie (extract)

Cireșe glazurate (confiate) pentru decor

Bateți untul sau margarina și zahărul împreună pana devine ușor și pufos. Se amestecă treptat oul, apoi făina, sarea și esența de vanilie și se amestecă până la o pastă. Se framanta pana se omogenizeaza. Înfășurați în folie alimentară (folie de plastic) și dați la frigider pentru 20 de minute.

Întindeți aluatul subțire și tăiați-l în felii cu ajutorul unui tăietor. Se aseaza pe o tava de copt unsa (tort) si se aseaza cate o cireasa pe fiecare. Coaceți biscuiții într-un cuptor preîncălzit la 180°C/350°F/termostat 4 timp de 10 minute până devin aurii. Se răcește pe tava de copt timp de 10 minute înainte de a se transfera pe un grătar.

Fursecuri cu nuci

Dă 36

100 g/4 oz/½ cană unt sau margarină, înmuiată

100 g/4 oz/½ cană zahăr brun moale

100 g/4 oz/½ cană zahăr pudră (foarte fin)

1 ou mare, bătut ușor

200 g/7 oz/1¾ cani de făină simplă (universal)

5 ml/1 linguriță praf de copt

2,5 ml/½ linguriță bicarbonat de sodiu (bicarbonat de sodiu)

120 ml/4 fl oz/½ cană zară

50 g de nuci tocate

Bateți untul sau margarina și zaharurile. Se bate treptat oul, apoi se amestecă făina, praful de copt și bicarbonatul de sodiu alternativ cu zara. Se amestecă nucile. Puneți linguri mici pe o tavă unsă și coaceți biscuiții în cuptorul preîncălzit la 190°C/375°F/termostat 5 timp de 10 minute.

Prajituri crocante

Dă 24

25 g/1 oz drojdie proaspătă sau 40 ml/2½ linguri drojdie uscată

450 ml/¾ punct/2 căni lapte fierbinte

2 lbs/8 cani de făină tare (pâine).

6 oz/¾ cană/175 g unt sau margarină, înmuiată

30 ml/2 linguri de miere pura

2 oua batute

ou batut pentru glazura

Amestecați drojdia cu puțin lapte cald și lăsați-o să se odihnească 20 de minute într-un loc cald. Pune faina intr-un bol si amesteca cu untul sau margarina. Amestecați drojdia, laptele cald rămas, mierea și ouăle și amestecați într-un aluat omogen. Frământați pe o masă ușor înfăinată până când este netedă și elastică. Se pune intr-un castron uns cu ulei, se acopera cu folie alimentara unsa (folie de plastic) si se lasa la loc caldut 1 ora pana isi dubleaza volumul.

Se amestecă din nou, apoi se formează rulouri lungi și plate și se așează pe o tavă de copt unsă. Acoperiți cu folie alimentară unsă și lăsați să se odihnească într-un loc cald timp de 20 de minute.

Ungeți cu ou bătut și coaceți în cuptorul preîncălzit la 200°C/400°F/termostat 6 timp de 20 de minute. Se lasa la racit peste noapte.

Tăiați felii subțiri și apoi coaceți din nou în cuptorul preîncălzit la 150°C/300°F/termostat 2 timp de 30 de minute până când devine crocant și auriu.

Fursecuri cheddar

Dă 12

2 oz/¼ cană/50 g unt sau margarină

200 g/7 oz/1¾ cani de făină simplă (universal)

15 ml/1 linguriță praf de copt

Vârf de cuțit de sare

50 g brânză cheddar rasă

6 fl oz/¾ cană lapte

Frecați untul sau margarina în făină, praf de copt și sare până când amestecul seamănă cu pesmet. Se amestecă brânza și apoi se amestecă suficient lapte pentru a obține un aluat moale. Se intinde pe o tabla tapata cu faina pana la o grosime de aproximativ 2 cm si se taie rondele cu ajutorul unui taietor. Se aseaza pe o tava neunsa si se coace biscuitii (biscuiti) in cuptorul preincalzit la 200°C/400°F/termostat 6 timp de 15 minute pana devin aurii.

Fursecuri cu brânză albastră

Dă 12

2 oz/¼ cană/50 g unt sau margarină

200 g/7 oz/1¾ cani de făină simplă (universal)

15 ml/1 linguriță praf de copt

2 oz/½ cană/50 g brânză Stilton, rasă sau mărunțită

6 fl oz/¾ cană lapte

Frecați untul sau margarina în făină și praful de copt până când amestecul seamănă cu pesmet. Se amestecă brânza și apoi se amestecă suficient lapte pentru a obține un aluat moale. Se intinde pe o tabla tapata cu faina pana la o grosime de aproximativ 2 cm si se taie rondele cu ajutorul unui taietor. Se aseaza pe o tava neunsa si se coace biscuitii (biscuiti) in cuptorul preincalzit la 200°C/400°F/termostat 6 timp de 15 minute pana devin aurii.

Fursecuri cu brânză și susan

Dă 24

75 g/3 oz/1/3 cană unt sau margarină

75 g/3 oz/¾ cană făină de grâu integral (grâu integral)

75 g brânză cheddar rasă

30 ml/2 linguri de seminte de susan

Sare și piper negru proaspăt măcinat

1 ou bătut

Frecați untul sau margarina în făină până când amestecul seamănă cu pesmet. Se amestecă brânza și jumătate din semințele de susan și se condimentează cu sare și piper. Apăsați împreună pentru a forma un aluat tare. Întindeți aluatul pe o placă tapetă cu făină până la o grosime de aproximativ ¼/5 mm și tăiați rondele cu ajutorul unui tăietor. Pune biscuitii (biscuiti) pe o tava unsa cu unt, se unge cu ou si se presara cu semintele de susan ramase. Coaceți în cuptorul preîncălzit la 190°C/375°F/termostat 5 timp de 10 minute până devin aurii.

Paiele de brânză

Dă 16

Aluat foietaj 225g/8oz

1 ou bătut

100 g/4 oz/1 cană cheddar sau brânză tare, rasă

15 ml/1 lingurita parmezan ras

Sare și piper negru proaspăt măcinat

Întindeți aluatul (aluatul) până la o grosime de aproximativ ¼/5 mm și ungeți generos cu ou bătut. Se presară cu brânză și se condimentează cu sare și piper. Tăiați fâșii și răsuciți ușor benzile în spirale. Puneți pe o foaie de copt umedă și coaceți în cuptorul preîncălzit la 220°C/425°F/termostat 7 timp de aproximativ 10 minute până când se umflă și devine auriu.

Biscuiți cu brânză și roșii

Dă 12

2 oz/¼ cană/50 g unt sau margarină

200 g/7 oz/1¾ cani de făină simplă (universal)

15 ml/1 linguriță praf de copt

Vârf de cuțit de sare

50 g brânză cheddar rasă

15 ml/1 lingurita piure de rosii (pasta)

150 ml/¼ pt/2/3 cană lapte

Frecați untul sau margarina în făină, praf de copt și sare până când amestecul seamănă cu pesmet. Se amestecă brânza, apoi se amestecă piureul de roșii și suficient lapte pentru a face un aluat moale. Se întinde pe o placă înfăinată până la o grosime de aproximativ ¾/2 cm și se taie rondele cu ajutorul unui tăietor. Se aseaza pe o tava neunsa si se coace biscuitii (biscuiti) in cuptorul preincalzit la 200°C/400°F/termostat 6 timp de 15 minute pana devin aurii.

brânză de capră

Dă 30

2 foi de aluat filo congelat (aluat), decongelat

2 oz/¼ cană/50 g unt nesărat, topit

50 g/2 oz/½ cană brânză de capră, tăiată cubulețe

5 ml/1 lingurita. Ierburi din Provence

Ungeți un strat de aluat de cărămidă cu unt topit, puneți al doilea strat pe el și ungeți cu unt. Tăiați în 30 de pătrate egale, puneți o bucată de brânză pe fiecare și stropiți cu ierburi. Strângeți colțurile și întoarceți pentru a sigila, apoi ungeți din nou cu unt topit. Se pune pe o tava unsa cu unt si se coace in cuptorul preincalzit la 180°C/350°F/termostat 4 timp de 10 minute pana devine crocante si aurie.

Rulouri cu sunca si mustar

Dă 16

Aluat foietaj 225g/8oz

30 ml/2 linguri. muştar franţuzesc

100 g/4 oz/1 cană şuncă fiartă, feliată

Sare şi piper negru proaspăt măcinat

Întindeţi aluatul (aluatul) până la o grosime de aproximativ 5 mm/¼. Se unge cu muştar, apoi se stropeşte cu şuncă şi se condimentează cu sare şi piper. Rulaţi aluatul într-un cârnaţi lung, apoi tăiaţi felii de 1/2 cm şi puneţi-le pe o tavă umezită. Coaceţi în cuptorul preîncălzit la 220°C/425°F/termostat 7 timp de aproximativ 10 minute până când se umflă şi devine auriu.

Biscuiti cu sunca si boia

Dă 30

225 g/8 oz/2 căni de făină simplă (universal)

15 ml/1 linguriță praf de copt

5 ml/1 lingurita. cimbru uscat

5 ml/1 lingurita. zahăr pudră (foarte fin)

2,5 ml/½ linguriță. ghimbir de pamant

Un praf de nucsoara rasa

Un praf de bicarbonat de sodiu (bicarbonat de sodiu)

Sare și piper negru proaspăt măcinat

50 g/2 oz/¼ cană de scurtătură vegetală (grăsime)

50 g/2 oz/½ cană șuncă fiartă, tocată

30 ml/2 linguri. ardei verde tocat fin

6 fl oz/¾ cană lapte de unt/175 ml

Se amestecă făina, praful de copt, cimbrul, zahărul, ghimbirul, nucșoara, bicarbonatul de sodiu, sare și piper. Frecați grăsimea până când amestecul seamănă cu pesmet. Se amestecă șunca și condimentele. Adăugați treptat zara și amestecați pentru a obține un aluat flexibil. Framantam cateva secunde pe o tabla usor infainata pana se omogenizeaza. Se rulează la o grosime de ¾/2 cm și se taie rondele cu ajutorul unui tăietor. Așezați biscuiții bine distanțați unul de celălalt pe o foaie de copt unsă și coaceți în cuptorul preîncălzit la 220°C/425°F/termostat 7 timp de 12 minute până se umflă și devin aurii.

Fursecuri simple cu ierburi

Dă 8

225 g/8 oz/2 căni de făină simplă (universal)

15 ml/1 linguriță praf de copt

5 ml/1 lingurita. zahăr pudră (foarte fin)

2,5 ml/½ linguriță de sare

2 oz/¼ cană/50 g unt sau margarină

15 ml/1 lingurita de arpagic proaspat tocat

Un praf de boia

Piper negru proaspăt măcinat

45 ml/3 linguri de lapte

45 ml/3 linguri de apă

Se amestecă făina, praful de copt, zahărul și sarea. Frecați untul sau margarina până când amestecul seamănă cu pesmet. Amestecați arpagicul, boia și condimentele după gust. Adăugați lapte și apă și amestecați pentru a obține un aluat moale. Framantam pana se omogenizeaza pe o plansa usor infainata, apoi se intinde pana la o grosime de ¾/2 cm si se taie cercuri. Pune biscuiții (biscuiți), bine despărțiți, pe o foaie de copt unsă și se coace în cuptorul preîncălzit la 200°C/400°F/termostat 6 timp de 15 minute până se umflă și devin aurii.

biscuiți indieni

Pentru 4 persoane

100 g/4 oz/1 cană făină simplă (universal)

100 g/4 oz/1 cană gris (cremă de grâu)

175 g/6 oz/¾ cană zahăr pudră (foarte fin)

75 g/3 oz/¾ cană gram de făină

175 g/6 oz/¾ cană ghee

Amesteca toate ingredientele intr-un castron si apoi freaca-le cu palmele pentru a forma o pasta tare. Dacă amestecul este prea uscat, este posibil să aveți nevoie de puțin mai mult ghee. Formați bile mici și apăsați într-o formă de biscuit. Se aseaza pe o tava tapetata cu unt si se coace in cuptorul preincalzit la 150°C/termostat 2 pentru 30-40 minute pana se rumenesc usor. În timpul coacerii pot apărea crăpături fine.

Biscuiti casanti cu alune si salota

Dă 12

75 g/3 oz/1/3 cană unt sau margarină, moale

175 g/6 oz/1½ cani făină de grâu integral (grâu integral)

10 ml/2 lingurițe praf de copt

1 şalotă, tocată mărunt

50 g/2 oz/½ cană alune tocate

10 ml/2 linguri. Ardei roşu

15 ml/1 lingura de apa rece

Frecați untul sau margarina în făină şi praful de copt până când amestecul seamănă cu pesmet. Se amestecă eşalota, alunele şi boia de ardei. Adăugați apă rece şi apăsați împreună pentru a forma o pastă. Se întinde şi se presează într-o tavă de copt de 30 x 20 cm/12 x 8 inchi şi se înțeapă peste tot cu o furculiță. Marcați în degete. Coaceți în cuptorul preîncălzit la 200°C/400°F/termostat 6 timp de 10 minute până devin aurii.

Biscuiti cu somon si marar

Dă 12

225 g/8 oz/2 căni de făină simplă (universal)

5 ml/1 lingurita. zahăr pudră (foarte fin)

2,5 ml/½ linguriță de sare

20 ml/4 lingurițe praf de copt

100 g/4 oz/½ cană unt sau margarină, tăiate cubulețe

90 ml/6 linguri de apă

90 ml/6 linguri lapte

100 g de somon afumat, tăiat cubulețe

60 ml / 4 lingurițe mărar proaspăt tocat (mărar)

Se amestecă făina, zahărul, sarea şi praful de copt, apoi se amestecă untul sau margarina până când amestecul seamănă cu pesmet. Adăugați treptat laptele şi apa şi amestecați până obțineți un aluat moale. Amestecați somonul şi mararul şi amestecați până la omogenizare. Se rulează la o grosime de 2,5 cm şi se taie rondele cu ajutorul unui tăietor de prăjituri. Puneți biscuiții (biscuiți) bine depărtați pe o tavă unsă cu uns şi coaceți în cuptorul preîncălzit la 220°C/425°F/termostat 7 timp de 15 minute până se umflă şi devin aurii.

Fursecuri cu sifon

Dă 12

45 ml/3 linguri. lingura untura (grasime)

225 g/8 oz/2 căni de făină simplă (universal)

5 ml/1 lingurita bicarbonat de sodiu (bicarbonat de sodiu)

5 ml/1 lingurita de acid tartric

Vârf de cuțit de sare

250 ml/8 fl oz/1 cană zară

Frecați untura în făină, bicarbonat de sodiu, cremă de tartru și sare până când amestecul seamănă cu pesmet. Amestecați laptele și amestecați într-un aluat moale. Se intinde pe o tabla tapata cu faina la o grosime de 1 cm si se taie cu o forma. Puneți biscuiții (biscuiți) pe o tavă unsă și coaceți în cuptorul preîncălzit la temperatura de 230 °C/450 °F/termostat 8 timp de 10 minute până devin aurii.

Frigarui de rosii si parmezan

Dă 16

Aluat foietaj 225g/8oz

30 ml/2 linguri. lingura de piure de rosii (pasta)

100 g/4 oz/1 cană brânză parmezan, rasă

Sare şi piper negru proaspăt măcinat

Întindeţi aluatul (aluatul) până la o grosime de aproximativ 5 mm/¼. Se unge cu piure de roşii, apoi se stropeşte cu brânză şi se condimentează cu sare şi piper. Rulaţi aluatul într-un cârnaţi lung, apoi tăiaţi felii de 1/2 cm şi puneţi-le pe o tavă umezită. Coaceţi în cuptorul preîncălzit la 220°C/425°F/termostat 7 timp de aproximativ 10 minute până când se umflă și devine auriu.

Biscuiți cu roșii și ierburi

Dă 12

225 g/8 oz/2 căni de făină simplă (universal)

5 ml/1 lingurita. zahăr pudră (foarte fin)

2,5 ml/½ linguriță de sare

40 ml/2 ½ lingurițe praf de copt

100 g/4 oz/½ cană unt sau margarină

30 ml/2 linguri de lapte

30 ml/2 linguri de apă

4 rosii coapte, curatate de coaja, fara samburi si tocate

45 ml/3 linguri. linguri de busuioc proaspăt tocat

Se amestecă făina, zahărul, sarea și praful de copt. Frecați untul sau margarina până când amestecul seamănă cu pesmet. Adăugați laptele, apa, roșiile și busuiocul și amestecați pentru a forma un aluat moale. Framantam cateva secunde pe o plansa tapata cu faina, apoi intindem la o grosime de 2,5 cm si taiem in cercuri cu ajutorul unui cutter. Puneți biscuiții bine depărtați pe o tavă unsă cu unsoare și coaceți în cuptorul preîncălzit la 230°C/425°F/termostat 7 timp de 15 minute până se umflă și devin aurii.

Pâine albă de bază

Face trei pâini de 450 g/1 lb

25 g/1 oz drojdie proaspătă sau 40 ml/2½ linguri drojdie uscată

10 ml/2 lingurite zahar

900 ml/1½ punct/3¾ cani de apă călduță

25 g/1 oz/2 linguri untură (grăsime)

12 căni/3 lire/1,5 kg făină tare (pâine).

15 ml/1 lingura de sare

Amestecați drojdia cu zahărul și puțină apă caldă și lăsați-o să stea la loc cald timp de 20 de minute până devine spumoasă. Frecați untura în făină și sare, apoi amestecați amestecul de drojdie și suficientă apă rămasă pentru a face un aluat tare, care lasă părțile laterale ale vasului curate. Se framanta pe o tabla usor infainata sau intr-un robot de bucatarie pana devine elastica si nu se mai lipeste. Se pune aluatul intr-un vas uns cu ulei, se acopera cu folie alimentara unsa (folie de plastic) si se lasa la loc caldut aproximativ 1 ora, pana isi dubleaza volumul si este elastic la atingere.

Frământați din nou aluatul până când se întărește, împărțiți-l în treimi și puneți-l în tavi unse de 450 g/1 lb sau formați pâini la alegere. Se acoperă și se lasă la crescut într-un loc cald pentru aproximativ 40 de minute, până când aluatul se ridică chiar deasupra formelor.

Coaceți în cuptorul preîncălzit la 230°C/450°F/termostat 8 timp de 30 de minute, până când pâinile încep să se desprindă de pe părțile laterale ale formelor și devin maro auriu și ferme și goale când sunt bătute pe fund.

Covrigi

Dă 12

15 g/½ oz drojdie proaspătă sau 20 ml/4 linguri. drojdie uscata

5 ml/1 lingurita. zahăr pudră (foarte fin)

300 ml/½ punct/1¼ cană lapte fierbinte

2 oz/¼ cană/50 g unt sau margarină

450 g/1 lb/4 căni de făină tare (pâine).

Vârf de cuțit de sare

1 galbenus

30 ml/2 linguri de mac

Amestecam drojdia cu zaharul si putin lapte caldut si lasam la loc caldut 20 de minute pana devine spumoasa. Frecați untul sau margarina în făină și sare și faceți un godeu în mijloc. Adăugați amestecul de drojdie, restul de lapte cald și gălbenușul de ou și amestecați până obțineți o pastă netedă. Se framanta pana cand aluatul devine elastic si nu se mai lipeste. Se pune intr-un vas uns cu ulei, se acopera cu folie alimentara unsa (folie de plastic) si se lasa la loc caldut aproximativ 1 ora pana isi dubleaza volumul.

Framanta usor aluatul si apoi taie-l in 12 bucati. Rulați fiecare într-o fâșie lungă de aproximativ 15 cm și rulați-o într-un inel. Se aseaza pe o tava unsa cu unt, se acopera si se lasa la dospit 15 minute.

Aduceți o oală mare cu apă la fiert, apoi reduceți focul la fiert. Puneți inelul în apă clocotită și gătiți timp de 3 minute, întorcându-l o dată, apoi scoateți și puneți-l pe o tavă de copt. Continuați cu baghetele rămase. Presărați covrigii cu semințe de mac și coaceți în cuptorul preîncălzit la 230°C/450°F/termostat 8 timp de 20 de minute până devin aurii.

baps

Dă 12

25 g/1 oz drojdie proaspătă sau 40 ml/2½ linguri drojdie uscată

5 ml/1 lingurita. zahăr pudră (foarte fin)

¼ pct/150 ml/2/3 cană lapte fierbinte

50 g/2 oz/¼ cană untură (grăsime)

450 g/1 lb/4 căni de făină tare (pâine).

5 ml/1 lingurita de sare

¼ linguriță/150 ml/2/3 cană apă călduță

Amestecam drojdia cu zaharul si putin lapte caldut si lasam la loc caldut 20 de minute pana devine spumoasa. Untura se întinde în făină, apoi se amestecă cu sarea și se face un godeu în mijloc. Adăugați amestecul de drojdie, laptele rămas și apa și amestecați într-un aluat moale. Se framanta pana devine elastic si nu se mai lipeste. Puneți într-un bol uns cu ulei și acoperiți cu folie alimentară unsă (folia de plastic). Se lasa la loc caldut aproximativ 1 ora pana isi dubleaza volumul.

Formați 12 rulouri plate din aluat și puneți-le pe o tavă de copt unsă. Se lasa la dospit 15 minute.

Coaceți într-un cuptor preîncălzit la 230°C/450°F/termostat 8 timp de 15 până la 20 de minute, până când crește bine și devine maro auriu.

Pâine cremoasă de orz

Face o pâine de 900 g / 2 lb

15 g/½ oz drojdie proaspătă sau 20 ml/4 linguri. drojdie uscata

Un praf de zahar

350 ml/12 fl oz/1 ½ cani de apa calduta

400 g/14 oz/3½ căni de făină tare (pâine).

175 g/6 oz/1½ cani de faina de orz

Vârf de cuțit de sare

45 ml/3 linguri. lingură de smântână simplă (ușoară)

Amestecați drojdia cu zahărul și puțină apă caldă și lăsați-o să stea la loc cald timp de 20 de minute până devine spumoasă. Se amestecă făina și sarea într-un bol, se adaugă amestecul de drojdie, smântâna și restul de apă și se amestecă un aluat tare. Se framanta pana se omogenizeaza si nu mai este lipicios. Se pune intr-un vas uns cu ulei, se acopera cu folie alimentara unsa (folie de plastic) si se lasa la loc caldut aproximativ 1 ora pana isi dubleaza volumul.

Frământați din nou ușor, apoi modelați într-o tavă unsă de 900 g/2 lb, acoperiți și lăsați să se odihnească într-un loc cald timp de 40 de minute, până când aluatul se desprinde de partea de sus a formei.

Coaceți într-un cuptor preîncălzit la 220°C/425°F/termostat 7 timp de 10 minute, apoi reduceți temperatura cuptorului la 190°C/375°F/termostat 5 și coaceți încă 25 de minute până când devine maro auriu și gol. -sunete la atingerea bazei.

pâine de bere

Face o pâine de 900 g / 2 lb

450 g / 1 lb / 4 căni de făină auto-crescătoare (auto-crescătoare)

5 ml/1 lingurita de sare

350 ml/12 fl oz/1½ cani lager

Amestecați ingredientele până obțineți o pastă netedă. Formați o tavă unsă cu unsoare (2lb/900g), acoperiți și lăsați să crească într-un loc cald timp de 20 de minute. Coaceți într-un cuptor preîncălzit la 190°C/375°F/termostat 5 timp de 45 de minute, până când devine maro auriu și golește când bateți pe bază.

Pâine brună Boston

Face trei pâini de 450 g/1 lb

100 g/4 oz/1 cană făină de secară

100 g/4 oz/1 cană făină de porumb

100 g/4 oz/1 cană făină de grâu integral (grâu integral)

5 ml/1 lingurita bicarbonat de sodiu (bicarbonat de sodiu)

5 ml/1 lingurita de sare

250 g/9 oz/¾ cană melasă neagră

500 ml/16 fl oz/2 căni de zară

175 g/6 oz/1 cană stafide

Amestecați ingredientele uscate, apoi adăugați melasa, zara și stafidele și amestecați într-un aluat moale. Se toarnă amestecul în trei forme de cremă unse de 1 lb/450 g, se acoperă cu hârtie de pergament (cerată) și folie de aluminiu și se leagă cu sfoară pentru a sigila partea superioară. Puneți într-o oală mare și umpleți bolurile pe jumătate cu apă fierbinte. Aduceți apa la fiert, acoperiți tigaia și gătiți timp de 2 ore și jumătate, adăugând apă clocotită dacă este necesar. Scoateți bolurile din tigaie și lăsați să se răcească puțin. Se serveste fierbinte cu unt.

ghivece cu tarate

Dă 3

25 g/1 oz drojdie proaspătă sau 40 ml/2½ linguri drojdie uscată

5 ml/1 lingurita de zahar

600 ml / 1 punct / 2½ căni apă căduță

6 căni/1½ kilograme/675 g făină integrală (grâu integral)

25 g/1 oz/¼ cană făină de soia

5 ml/1 lingurita de sare

50 g/2 oz/1 cană tărâțe

Congelarea laptelui

45 ml/3 linguri. grâu spart

Veți avea nevoie de trei vase de lut noi și curate, cu diametrul de 5 inchi/13 cm. Le ungem bine si le coacem la cuptorul incins pentru 30 de minute sa nu se crape.

Amestecați drojdia cu zahărul și puțină apă căduță și lăsați-o să stea până devine spumoasă. Se amestecă făina, sarea și tărâțele și se face un godeu în centru. Se amestecă apa căduță și amestecul de drojdie și se frământă un aluat tare. Se rastoarna pe o tabla tapata cu faina si se framanta timp de aproximativ 10 minute pana se omogenizeaza si elastic. Alternativ, o puteți face într-un robot de bucătărie. Se pune aluatul intr-un vas curat, se acopera cu folie alimentara unsa (folia de plastic) si se lasa la crescut la loc caldut aproximativ 1 ora, pana isi dubleaza volumul.

Se rastoarna pe o tabla tapata cu faina si se framanta din nou timp de 10 minute. Se modelează în trei oale unse cu unt, se acoperă și se lasă la dospit 45 de minute, până când aluatul se ridică din vârful vaselor.

Ungeți aluatul cu lapte și stropiți cu grâu ras. Coaceți în cuptorul preîncălzit la 230°C/450°F/termostat 8 timp de 15 minute. Reduceți temperatura cuptorului la 200°C/400°F/termostat 6 și coaceți încă 30 de minute până când crește bine și ferm. Desfaceți și lăsați să se răcească.

Chifle cu unt

Dă 12

450 g/1 lb aluat de pâine albă de bază

100 g/4 oz/½ cană unt sau margarină, tăiate cubulețe

Framantam aluatul de paine si lasam sa creasca pana isi dubleaza volumul si este elastic la atingere.

Framantam din nou aluatul si adaugam unt sau margarina. Formați 12 rulouri și puneți-le bine depărtate pe o tavă de copt unsă. Se acoperă cu folie alimentară unsă (film de plastic) și se lasă la crescut la loc cald timp de aproximativ 1 oră, până își dublează volumul.

Coaceți într-un cuptor preîncălzit la 230°C/450°F/termostat 8 timp de 20 de minute, până când devine maro auriu și golește când bateți pe bază.

Pâine cu zară

Face 1½ lb/675 g pâine

450 g/1 lb/4 căni de făină simplă (universal)

5 ml/1 lingurita de acid tartric

5 ml/1 lingurita bicarbonat de sodiu (bicarbonat de sodiu)

250 ml/8 fl oz/1 cană zară

Se amestecă făina, tartrul și bicarbonatul de sodiu într-un castron și se face un godeu în mijloc. Se amestecă suficientă zară pentru a crea un aluat flexibil. Se formează un cerc și se pune pe o tavă unsă (biscuiți). Coaceți în cuptorul preîncălzit la 220°C/425°F/termostat 7 timp de 20 de minute până când crește bine și devine auriu.

Pâine de porumb canadian

Face o pâine de 9"/23 cm

150 g/5 oz/1 ¼ cană făină simplă (universal)

75 g/3 oz/¾ cană făină de porumb

15 ml/1 linguriță praf de copt

2,5 ml/½ linguriță de sare

100 g/4 oz/1/3 cană sirop de arțar

100 g/4 oz/½ cană untură, topită

2 oua batute

Combinați ingredientele uscate, apoi adăugați siropul, scurtarea și ouăle și amestecați până se omogenizează bine. Se toarnă într-o tavă unsă(e) de 23 cm/9 unsă(e) și se coace în cuptorul preîncălzit la 220°C/425°F/termostat 7 timp de 25 de minute, până când a crescut bine și devine maro auriu și începe să se desprindă de părțile laterale ale formei...

Rulouri Cornish

Dă 12

25 g/1 oz drojdie proaspătă sau 40 ml/2½ linguri drojdie uscată

15 ml/1 lingură zahăr granulat (foarte fin)

300 ml/½ punct/1¼ cană lapte fierbinte

2 oz/¼ cană/50 g unt sau margarină

450 g/1 lb/4 căni de făină tare (pâine).

Vârf de cuțit de sare

Amestecam drojdia cu zaharul si putin lapte caldut si lasam la loc caldut 20 de minute pana devine spumoasa. Frecați untul sau margarina în făină și sare și faceți un godeu în mijloc. Adăugați amestecul de drojdie și laptele rămas și amestecați un aluat omogen. Se framanta pana devine elastic si nu se mai lipeste. Puneți într-un bol uns cu ulei și acoperiți cu folie alimentară unsă (folia de plastic). Se lasa la loc caldut aproximativ 1 ora pana isi dubleaza volumul.

Formați 12 rulouri plate din aluat și puneți-le pe o tavă de copt unsă. Acoperiți cu folie alimentară unsă și lăsați la dospit 15 minute.

Coaceți într-un cuptor preîncălzit la 230°C/450°F/termostat 8 timp de 15 până la 20 de minute, până când crește bine și devine maro auriu.

Pâine plată de țară

Face șase chifle

10 ml/2 lingurițe drojdie uscată

15 ml / 1 lingura de miere pura

120 ml/4 fl oz/½ cană apă călduță

350 g/12 oz/3 căni de făină tare (pâine).

5 ml/1 lingurita de sare

2 oz/¼ cană/50 g unt sau margarină

5 ml/1 lingurita. Chimion

5 ml/1 lingurita. coriandru

5 ml/1 lingurita. cardamom măcinat

120 ml/4 fl oz/½ cană lapte fierbinte

60 ml / 4 lingurițe de semințe de susan

Amestecați drojdia și mierea cu 45 ml/3 linguri de apă călduță și 15 ml/1 lingură de făină și lăsați-o să stea aproximativ 20 de minute la loc cald până devine spumoasă. Se amestecă restul de făină cu sarea, apoi se amestecă untul sau margarina și se amestecă chimenul, coriandru și cardamomul și se face un godeu în mijloc. Amestecați amestecul de drojdie, apa rămasă și suficient lapte pentru a obține un aluat neted. Se framanta bine pana devine ferm si nu se mai lipeste. Se pune intr-un castron uns cu ulei, se acopera cu folie alimentara unsa cu ulei (folia de plastic) si se lasa la loc caldut aproximativ 30 de minute pana isi dubleaza volumul.

Frământați încă o dată aluatul și modelați-l în chifteluțe plate. Se aseaza pe o tava unsa si se unge cu lapte. Se presara cu seminte de susan. Acoperiți cu folie alimentară unsă și lăsați la dospit 15 minute.

Coaceți în cuptorul preîncălzit la 200°C/400°F/termostat 6 timp de 30 de minute până devin aurii.

Impletitura de mac de tara

Face o pâine de 450 g/1 lb

275 g/10 oz/2½ căni de făină simplă (universal)

25 g/1 oz/2 linguri zahăr pudră (foarte fin)

5 ml/1 lingurita de sare

10 ml/2 linguri. drojdie uscată ușor de amestecat

6 fl oz/¾ cană lapte

25 g/1 oz/2 linguri de unt sau margarină

1 ou

Puțin lapte sau albuș pentru glazură

30 ml/2 linguri de mac

Se amestecă făina, zahărul, sarea și drojdia. Încălziți laptele cu unt sau margarină, apoi amestecați-l cu făină și ou pentru a obține un aluat tare. Se framanta pana devine elastic si nu se mai lipeste. Se pune intr-un vas uns cu ulei, se acopera cu folie alimentara unsa (folie de plastic) si se lasa la loc caldut aproximativ 1 ora pana isi dubleaza volumul.

Ne aplecam din nou si formam trei carnati de aproximativ 20 cm lungime. Udați un capăt al fiecărei benzi și apăsați-le împreună, apoi împletește benzile împreună, umeziți și sigilați capetele. Se aseaza pe o tava unsa cu unt, se acopera cu folie alimentara unsa si se lasa la dospit aproximativ 40 de minute, pana isi dubleaza volumul.

Ungeți cu lapte sau albuș de ou și stropiți cu semințe de mac. Coaceți în cuptorul preîncălzit la 190 °C/375 °F/termostat 5 timp de aproximativ 45 de minute până devin aurii.

Pâine de țară din cereale integrale

Face două pâini de 1 lb/450 g

20 ml/4 lingurițe de drojdie uscată

5 ml/1 lingurita. zahăr pudră (foarte fin)

600 ml / 1 punct / 2½ căni apă călduță

25 g/1 oz/2 linguri. lingură de grăsime vegetală

800 g/1¾ lb/7 căni de făină de grâu integral (grâu integral)

10 ml/2 lingurite sare

10 ml/2 lingurițe de extract de malț

1 ou bătut

25 g/1 oz/¼ cană de grâu zdrobit

Amestecați drojdia cu zahărul și puțină apă călduță și lăsați-o să stea aproximativ 20 de minute până devine spumoasă. Răspândiți grăsimea în făină, sare și extract de malț și faceți un godeu în mijloc. Adăugați amestecul de drojdie și restul de apă călduță și amestecați pentru a forma un aluat moale. Se amestecă bine până când este elastic și lipicios. Se pune intr-un vas uns cu ulei, se acopera cu folie alimentara unsa (folie de plastic) si se lasa la loc caldut aproximativ 1 ora pana isi dubleaza volumul.

Framanta din nou aluatul si modeleaza in doua tavi unse cu unt de 1 lb/450 g. Se lasa la crescut la loc caldut aproximativ 40 de minute, pana cand aluatul se ridica chiar deasupra varfurilor formelor.

Ungeți blatul chiflelor cu ou și stropiți cu grâu spart. Coaceți într-un cuptor preîncălzit la 230°C/450°F/termostat 8 timp de aproximativ 30 de minute, până când devine maro auriu și scobit când este bătut pe bază.

impletituri curry

Face două pâini de 1 lb/450 g

120 ml/4 fl oz/½ cană apă călduță

30 ml/2 linguri de drojdie uscată

225 g/8 oz/2/3 cană miere pură

25 g/1 oz/2 linguri de unt sau margarină

30 ml/2 linguri de curry

6 căni/1½ livre/675 g făină simplă (universal)

10 ml/2 lingurite sare

2 cesti/3/450 ml zara

1 ou

10 ml/2 lingurițe de apă

45 ml/3 linguri. linguri de migdale rase (tocate)

Se amestecă apă cu drojdie și 5 ml/1 linguriță. miere și lăsați să stea 20 de minute până devine spumos. Topiți untul sau margarina, apoi amestecați curry și gătiți la foc mic timp de 1 minut. Se amestecă mierea rămasă și se ia de pe foc. Pune jumatate din faina si sare intr-un castron si facem o gaura in mijloc. Adăugați amestecul de drojdie, amestecul de miere și laptele de unt, adăugând treptat restul de făină în timp ce amestecați pentru a forma un aluat flexibil. Se framanta pana se omogenizeaza si elastic. Se pune intr-un castron uns cu ulei, se acopera cu folie alimentara unsa cu ulei si se lasa la loc cald aproximativ 1 ora pana isi dubleaza volumul.

Amestecă din nou și împarte aluatul în două părți. Tăiați fiecare bucată în treimi și rulați într-un cârnați de 8 inchi/20 de centimetri. Udați un capăt al fiecărei benzi și apăsați împreună în două seturi de trei pentru a sigila. Împmplețiți două seturi de benzi și lipiți capetele cu bandă adezivă. Se aseaza pe o tava de biscuiti unsa cu unt, se acopera cu folie alimentara unsa (folia de plastic) si se lasa la crescut aproximativ 40 de minute pana isi dubleaza volumul.

Bateți oul cu apă și ungeți pâinea, apoi stropiți cu migdale. Coaceți într-un cuptor preîncălzit la 190°C/375°F/termostat 5 timp de 40 de minute, până când devine maro auriu și scobit când se bate pe bază.

Devon se desparte

Dă 12

25 g/1 oz drojdie proaspătă sau 40 ml/2½ linguri drojdie uscată

5 ml/1 lingurita. zahăr pudră (foarte fin)

¼ pct/150 ml/2/3 cană lapte fierbinte

2 oz/¼ cană/50 g unt sau margarină

450 g/1 lb/4 căni de făină tare (pâine).

¼ linguriță/150 ml/2/3 cană apă călduță

Amestecam drojdia cu zaharul si putin lapte caldut si lasam la loc caldut 20 de minute pana devine spumoasa. Frecați untul sau margarina în făină și faceți un godeu în mijloc. Adăugați amestecul de drojdie, laptele rămas și apa și amestecați într-un aluat moale. Se framanta pana devine elastic si nu se mai lipeste. Puneți într-un bol uns cu ulei și acoperiți cu folie alimentară unsă (folia de plastic). Se lasa la loc caldut aproximativ 1 ora pana isi dubleaza volumul.

Formați 12 rulouri plate din aluat și puneți-le pe o tavă de copt unsă. Se lasa la dospit 15 minute.

Coaceți într-un cuptor preîncălzit la 230°C/450°F/termostat 8 timp de 15 până la 20 de minute, până când crește bine și devine maro auriu.

Pâine cu germeni de grâu cu fructe

Face o pâine de 900 g / 2 lb

225 g/8 oz/2 căni de făină simplă (universal)

5 ml/1 lingurita de sare

5 ml/1 lingurita bicarbonat de sodiu (bicarbonat de sodiu)

5 ml/1 linguriță praf de copt

175 g/6 oz/1½ cani germeni de grau

100 g/4 oz/1 cană făină de porumb

100 g/4 oz/1 cană de ovăz rulat

350 g/12 oz/2 căni de stafide (stafide aurii)

1 ou, batut usor

8 fl oz/1 cană iaurt simplu

¼ pct/2/3 căni/150 ml melasă cu curele negre

60 ml / 4 lingurițe sirop de aur (porumb ușor)

30 ml/2 linguri de ulei

Se amestecă ingredientele uscate şi stafidele şi se face un godeu în centru. Combinați oul, iaurtul, melasa, siropul şi uleiul, apoi amestecați în ingredientele uscate şi amestecați pentru a forma un aluat moale. Se modelează într-o tavă unsă de 900 g/2 lb şi se coace în cuptorul preîncălzit la 180°C/termostat 4 timp de 1 oră până când este fermă la atingere. Se lasa sa se raceasca in tava timp de 10 minute, apoi se intoarce pe un gratar pentru a termina de racit.

Impletituri din lapte de fructe

Face două pâini de 1 lb/450 g

15 g/½ oz drojdie proaspătă sau 20 ml/4 linguri. drojdie uscata

5 ml/1 lingurita. zahăr pudră (foarte fin)

450 ml/¾ punct/2 căni lapte fierbinte

2 oz/¼ cană/50 g unt sau margarină

6 căni/1½ livre/675 g făină simplă (universal)

Vârf de cuțit de sare

100 g/4 oz/2/3 cană stafide

25 g / 1 oz / 3 linguri agrișe

3 linguri/1 oz/25 g coaja amestecata (confiata), tocata

Lapte pentru glazura

Amestecați drojdia cu zahărul și puțin lapte cald. Lasă-l să stea într-un loc cald timp de aproximativ 20 de minute până adoarme. Frecați untul sau margarina în făină și sare, amestecați stafidele, coacăzele și coaja amestecată și faceți un godeu în mijloc. Amestecați restul de lapte cald și drojdia și frământați până obțineți un aluat moale, dar nu lipicios. Puneți într-un bol uns cu ulei și acoperiți cu folie alimentară unsă (folia de plastic). Se lasa la loc caldut aproximativ 1 ora pana isi dubleaza volumul.

Se amestecă din nou ușor și apoi se împarte în jumătate. Împărțiți fiecare jumătate în treimi și rulați în formă de cârnați. Umeziți un capăt al fiecărei rulouri și apăsați ușor pe cele trei împreună, apoi împletiți aluatul, umeziți și sigilați capetele. Repetați cu a doua împletitură de aluat. Se aseaza pe o tava unsa cu unt, se acopera cu folie alimentara unsa (plastic) si se lasa la dospit aproximativ 15 minute.

Ungeți cu puțin lapte și apoi coaceți într-un cuptor preîncălzit la 200°C/400°F/termostat 6 timp de 30 de minute, până când devine auriu și baza sună goală la atingere.

pâine de grânar

Face două pâini de 2 lb/900 g

25 g/1 oz drojdie proaspătă sau 40 ml/2½ linguri drojdie uscată

5 ml/1 linguriță de miere

2 căni/¾ linguriță/450 ml apă călduță

350 g/12 oz/3 căni de făină integrală

350 g/12 oz/3 căni de făină de grâu integral (grâu integral)

15 ml/1 lingura de sare

15 g/½ oz/1 lingură. lingura de unt sau margarina

Amestecați drojdia cu miere și puțină apă caldă și lăsați-o la loc cald aproximativ 20 de minute până devine spumoasă. Se amestecă făina și sarea și se amestecă untul sau margarina. Se amestecă amestecul de drojdie și suficientă apă călduță pentru a obține un aluat neted. Frământați pe o masă ușor înfăinată până când se omogenizează și nu mai devine lipicios. Se pune intr-un vas uns cu ulei, se acopera cu folie alimentara unsa (folie de plastic) si se lasa la loc caldut aproximativ 1 ora pana isi dubleaza volumul.

Amesteca din nou si modeleaza in doua tavi unse cu unt de 2 lb/900 g. Acoperim cu folie alimentara unsa cu ulei si lasam la dospit pana cand aluatul ajunge in varful formelor.

Coaceți într-un cuptor preîncălzit la 220°C/425°F/termostat 7 timp de 25 de minute, până când devine maro auriu și scobit când este bătut pe bază.

Chifle de grânar

Dă 12

15 g/½ oz drojdie proaspătă sau 20 ml/2½ linguri drojdie uscată

5 ml/1 lingurita. zahăr pudră (foarte fin)

½ pct/1 ¼ cană/300 ml apă călduță

450 g/1 lb/4 cani de făină integrală

5 ml/1 lingurita de sare

5 ml/1 lingură extract de malț

30 ml/2 linguri. grâu spart

Amestecam drojdia cu zaharul si putina apa calduta si lasam la loc caldut pana devine spuma. Se amestecă făina și sarea, apoi se amestecă drojdia, apa călduță rămasă și extractul de malț. Frământați pe o masă ușor înfăinată până când este netedă și elastică. Se pune intr-un vas uns cu ulei, se acopera cu folie alimentara unsa (folie de plastic) si se lasa la loc caldut aproximativ 1 ora pana isi dubleaza volumul.

Se framanta usor, apoi se modeleaza rulouri si se aseaza pe o tava unsa cu unt. Acoperiți cu apă și stropiți cu grâu tocat. Acoperim cu folie alimentara unsa cu ulei si lasam la loc cald aproximativ 40 de minute pana isi dubleaza volumul.

Coaceți într-un cuptor preîncălzit la 220°C/425°F/termostat 7 timp de 10 până la 15 minute până când fundul sună gol.

Pâine cu cereale cu alune

Face o pâine de 900 g / 2 lb

15 g/½ oz drojdie proaspătă sau 20 ml/4 linguri. drojdie uscata

5 ml/1 lingurita. zahăr brun moale

2 căni/¾ linguriță/450 ml apă călduță

450 g/1 lb/4 cani de făină integrală

175 g/6 oz/1½ cani de făină tare (pâine).

5 ml/1 lingurita de sare

15 ml/1 lingură ulei de măsline

100 g/4 oz/1 cană alune de pădure, mărunțite grosier

Amestecați drojdia cu zahărul și puțină apă caldă și lăsați-o să stea la loc cald timp de 20 de minute până devine spumoasă. Amestecați făina și sarea într-un bol, adăugați amestecul de drojdie, uleiul și restul de apă călduță și amestecați un aluat tare. Se framanta pana se omogenizeaza si nu mai este lipicios. Se pune intr-un vas uns cu ulei, se acopera cu folie alimentara unsa (folie de plastic) si se lasa la loc caldut aproximativ 1 ora pana isi dubleaza volumul.

Se amestecă din nou ușor și se incorporează nucile, apoi se modelează într-o tavă unsă de 900 g/2 lb, se acoperă cu folie alimentară unsă cu ulei și se lasă să se odihnească într-un loc cald timp de 30 de minute, până când aluatul se desprinde de tavă.

Coaceți într-un cuptor preîncălzit la 220°C/425°F/termostat 7 timp de 30 de minute, până când devine maro auriu și scobit când este bătut pe bază.

Grissini

Dă 12

25 g/1 oz drojdie proaspătă sau 40 ml/2½ linguri drojdie uscată

15 ml/1 lingură zahăr granulat (foarte fin)

120 ml/4 fl oz/½ cană lapte fierbinte

25 g/1 oz/2 linguri de unt sau margarină

450 g/1 lb/4 căni de făină tare (pâine).

10 ml/2 lingurite sare

Se amestecă drojdia cu 5 ml / 1 linguriță. zahar si putin lapte fierbinte si se lasa la loc caldut 20 de minute pana devine spuma. Se dizolvă untul și zahărul rămas în laptele călduț rămas. Pune faina si sarea intr-un castron si facem o gaura in mijloc. Adăugați amestecul de drojdie și lapte și amestecați aluatul umed. Se framanta pana se omogenizeaza. Se pune intr-un vas uns cu ulei, se acopera cu folie alimentara unsa (folie de plastic) si se lasa la loc caldut aproximativ 1 ora pana isi dubleaza volumul.

Se framanta usor, apoi se imparte in 12 si se ruleaza in batoane lungi subtiri si se aseaza, bine distantate, pe o tava unsa cu unt. Acoperiți cu folie alimentară unsă și lăsați la crescut la loc cald timp de 20 de minute.

Ungeți batoanele cu apă, coaceți în cuptorul preîncălzit la 220°C/425°F/termostat 7 timp de 10 minute, apoi reduceți temperatura la 180°C/350°F/termostat 4 și coaceți încă 20 de minute până devine crocant. .

Harvest Braid

Face o pâine de 1¼ lb/550 g

25 g/1 oz drojdie proaspătă sau 40 ml/2½ linguri drojdie uscată

25 g/1 oz/2 linguri zahăr pudră (foarte fin)

¼ pct/150 ml/2/3 cană lapte fierbinte

2 oz/¼ cană/50 g unt sau margarină, topită

1 ou bătut

450 g/1 lb/4 căni de făină simplă (universal)

Vârf de cuțit de sare

30 ml/2 linguri de agrișe

2,5 ml/½ linguriță. scorțișoară măcinată

5 ml/1 lingurita. coaja de lamaie rasa

Lapte pentru glazura

Se amestecă drojdia cu 2,5 ml/½ linguriță. zahar si putin lapte fierbinte si se lasa la loc caldut aproximativ 20 de minute pana devine spumoasa. Amestecați laptele rămas cu untul sau margarina și lăsați-l să se răcească puțin. Se amestecă cu oul. Puneți celelalte ingrediente într-un bol și faceți o fântână în mijloc. Adăugați amestecul de lapte și drojdie și amestecați pentru a forma un aluat moale. Se framanta pana devine elastic si nu se mai lipeste. Puneți într-un bol uns cu ulei și acoperiți cu folie alimentară unsă (folia de plastic). Se lasa la loc caldut aproximativ 1 ora pana isi dubleaza volumul.

Împărțiți aluatul în trei și rulați în fâșii. Udați un capăt al fiecărei benzi și legați capetele împreună, apoi împletește-le și umeziți și fixați celelalte capete. Se aseaza pe o tava unsa cu unt, se acopera cu folie alimentara unsa si se lasa la odihnit la loc caldut 15 minute.

Se unge cu putin lapte si se coace in cuptorul preincalzit la 220°C/425°F/termostat 7 timp de 15-20 de minute, pana cand se bate pe baza devine maro auriu si gol.

Pâine cu lapte

Face două pâini de 1 lb/450 g

15 g/½ oz drojdie proaspătă sau 20 ml/4 linguri. drojdie uscata

5 ml/1 lingurita. zahăr pudră (foarte fin)

450 ml/¾ punct/2 căni lapte fierbinte

2 oz/¼ cană/50 g unt sau margarină

6 căni/1½ livre/675 g făină simplă (universal)

Vârf de cuțit de sare

Lapte pentru glazura

Amestecați drojdia cu zahărul și puțin lapte călduț. Lasă-l să stea într-un loc cald timp de aproximativ 20 de minute până adoarme. Frecați untul sau margarina în făină și sare și faceți un godeu în mijloc. Amestecați restul de lapte cald și drojdia și frământați până obțineți un aluat moale, dar nu lipicios. Puneți într-un bol uns cu ulei și acoperiți cu folie alimentară unsă (folia de plastic). Se lasa la loc caldut aproximativ 1 ora pana isi dubleaza volumul.

Frământați din nou ușor, apoi împărțiți amestecul în două forme de pâine unse de 450g/1lb, acoperiți cu folie alimentară unsă cu ulei și lăsați la dospit aproximativ 15 minute, până când aluatul tocmai a crescut din partea de sus a formei.

Ungeți cu puțin lapte și apoi coaceți într-un cuptor preîncălzit la 200°C/400°F/termostat 6 timp de 30 de minute, până când devine auriu și baza sună goală la atingere.

Pâine cu fructe cu lapte

Face două pâini de 1 lb/450 g

15 g/½ oz drojdie proaspătă sau 20 ml/4 linguri. drojdie uscata

5 ml/1 lingurita. zahăr pudră (foarte fin)

450 ml/¾ punct/2 căni lapte fierbinte

2 oz/¼ cană/50 g unt sau margarină

6 căni/1½ livre/675 g făină simplă (universal)

Vârf de cuțit de sare

100 g/4 oz/2/3 cană stafide

Lapte pentru glazura

Amestecați drojdia cu zahărul și puțin lapte cald. Lasă-l să stea într-un loc cald timp de aproximativ 20 de minute până adoarme. Frecați untul sau margarina în făină și sare, amestecați stafidele și faceți o adâncitură în mijloc. Amestecați restul de lapte cald și drojdia și frământați până obțineți un aluat moale, dar nu lipicios. Puneți într-un bol uns cu ulei și acoperiți cu folie alimentară unsă (folia de plastic). Se lasa la loc caldut aproximativ 1 ora pana isi dubleaza volumul.

Frământați din nou ușor, apoi împărțiți amestecul în două forme de pâine unse de 450g/1lb, acoperiți cu folie alimentară unsă cu ulei și lăsați la dospit aproximativ 15 minute, până când aluatul tocmai a crescut din partea de sus a formei.

Ungeți cu puțin lapte și apoi coaceți într-un cuptor preîncălzit la 200°C/400°F/termostat 6 timp de 30 de minute, până când devine auriu și baza sună goală la atingere.

pâinea de dimineață

Face două pâini de 1 lb/450 g

100 g/4 oz/1 cană cereale integrale

15 ml/1 lingură de extract de malț

2 căni/¾ linguriță/450 ml apă călduță

25 g/1 oz drojdie proaspătă sau 40 ml/2½ linguri drojdie uscată

30 ml/2 linguri de miere pura

25 g/1 oz/2 linguri. lingură de grăsime vegetală

6 căni/1½ kilograme/675 g făină integrală (grâu integral)

25 g/1 oz/¼ cană lapte praf (lapte praf degresat)

5 ml/1 lingurita de sare

Înmuiați cerealele integrale și extractul de malț peste noapte în apă călduță.

Amestecați drojdia cu puțină apă călduță și 5 ml/1 linguriță. Miere Se lasa la loc caldut aproximativ 20 de minute pana devine spumoasa. Răspândiți grăsimea în făină, lapte praf și sare și faceți un godeu în mijloc. Amestecați amestecul de drojdie, mierea rămasă și amestecul de grâu și amestecați până la o pastă. Se amestecă bine până se omogenizează și nu devine lipicios. Se pune intr-un vas uns cu ulei, se acopera cu folie alimentara unsa (folie de plastic) si se lasa la loc caldut aproximativ 1 ora pana isi dubleaza volumul.

Frământați încă o dată aluatul și apoi modelați în două forme unse de 450 g/1 lb. Acoperiți cu folie alimentară unsă și lăsați să se odihnească la loc cald timp de 40 de minute, până când aluatul se ridică chiar deasupra formelor.

Coaceți într-un cuptor preîncălzit la 200°C/425°F/termostat 7 timp de aproximativ 25 de minute, până când crește bine și se golește când se bate pe bază.

Pâine pentru brioșe

Face două pâini de 2 lb/900 g

300 g/10 oz/2½ căni de făină integrală (integrală)

300 g/10 oz/2½ căni de făină simplă (universal)

40 ml/2 ½ linguri de drojdie uscată

15 ml/1 lingură zahăr granulat (foarte fin)

10 ml/2 lingurite sare

500 ml/17 fl oz/2 ¼ cani de lapte căldut

2,5 ml/½ linguriță bicarbonat de sodiu (bicarbonat de sodiu)

15 ml/1 lingura de apa calduta

Se amestecă făinurile împreună. Măsurați 350 g/12 oz/3 căni de făină universală într-un castron și amestecați drojdia, zahărul și sarea. Adăugați laptele și bateți până se întărește. Se amestecă bicarbonatul de sodiu și apa și se amestecă în aluat cu făina rămasă. Împărțiți amestecul între două cutii unse de 900 g/2 lb, acoperiți și lăsați să crească aproximativ 1 oră până când își dublează volumul.

Coaceți într-un cuptor preîncălzit la 190°C/375°F/termostat 5 timp de 1¼ oră până când crește bine și devine maro auriu.

Azime

Face o pâine de 900 g / 2 lb

450 g/1 lb/4 căni de făină de grâu integral (grâu integral)

175 g/6 oz/1 ½ cani de făină auto-crescătoare

5 ml/1 lingurita de sare

30 ml/2 linguri zahăr granulat (foarte fin)

450 ml/¾ pt/2 cesti lapte

20 ml/4 lingurițe de oțet

30 ml/2 linguri de ulei

5 ml/1 lingurita bicarbonat de sodiu (bicarbonat de sodiu)

Se amestecă făina, sarea și zahărul și se face un godeu în mijloc. Bateți laptele, oțetul, uleiul și bicarbonatul de sodiu, adăugați la ingredientele uscate și amestecați într-un aluat omogen. Se formează într-o tavă unsă de 900 g/2 lb și se coace într-un cuptor preîncălzit la 180°C/termostat 4 timp de 1 oră, până când se bate pe bază, până când devine maro auriu și gol.

aluat de pizza

Suficient pentru două pizza de 9"/23 cm

15 g/½ oz drojdie proaspătă sau 20 ml/4 linguri. drojdie uscata

Un praf de zahar

250 ml/8 fl oz/1 cană apă călduță

350 g/12 oz/3 căni de făină simplă (universal)

Vârf de cuțit de sare

30 ml/2 linguri ulei de măsline

Amestecați drojdia cu zahărul și puțină apă caldă și lăsați-o să stea la loc cald timp de 20 de minute până devine spumoasă. Se amestecă făina cu sarea și uleiul de măsline și se frământă până se omogenizează și nu mai devine lipicios. Se pune intr-un castron uns cu ulei, se acopera cu folie alimentara unsa (folie de plastic) si se lasa la loc caldut 1 ora pana isi dubleaza volumul. Amestecă din nou și modelează după cum este necesar.

O ureche de ovăz

Face o pâine de 450 g/1 lb

25 g/1 oz drojdie proaspătă sau 40 ml/2½ linguri drojdie uscată

5 ml/1 lingurita. zahăr pudră (foarte fin)

150 ml/¼ pt/2/3 cană lapte cald

¼ linguriță/150 ml/2/3 cană apă călduță

400 g/14 oz/3½ căni de făină tare (pâine).

5 ml/1 lingurita de sare

25 g/1 oz/2 linguri de unt sau margarină

100 g/4 oz/1 cană fulgi de ovăz laminat mediu

Se amestecă drojdia și zahărul cu laptele și apa și se lasă la loc cald până devine spumos. Se amestecă făina și sarea, apoi se amestecă untul sau margarina și se amestecă fulgii de ovăz. Faceți o gaură în mijloc, turnați drojdia în ea și amestecați un aluat neted. Se răstoarnă pe o masă înfăinată și se frământă timp de 10 minute până când este netedă și elastică. Se aseaza intr-un vas uns cu ulei, se acopera cu folie alimentara unsa (folia de plastic) si se lasa la crescut la loc caldut aproximativ 1 ora, pana isi dubleaza volumul.

Frământați încă o dată aluatul și apoi modelați-i forma unei pâini la alegere. Se aseaza pe o tava unsa cu unt, se acopera cu putina apa, se acopera cu folie alimentara unsa si se lasa la loc caldut aproximativ 40 de minute, pana isi dubleaza volumul.

Coaceți într-un cuptor preîncălzit la 230°C/450°F/termostat 8 timp de 25 de minute, până când se ridică bine și devine auriu și sună gol când bateți pe bază.

Farl de fulgi de ovaz

Dă 4

25 g/1 oz drojdie proaspătă sau 40 ml/2½ linguri drojdie uscată

5 ml/1 linguriță de miere

½ pct/1 ¼ cană/300 ml apă călduță

450 g/1 lb/4 căni de făină tare (pâine).

50 g / 2 oz / ½ cană fulgi de ovăz laminat mediu

2,5 ml/½ linguriță praf de copt

Vârf de cuțit de sare

25 g/1 oz/2 linguri de unt sau margarină

Amestecați drojdia cu miere și puțină apă caldă și lăsați-o la loc cald timp de 20 de minute până face spumă.

Se amestecă făina, fulgii de ovăz, praful de copt și sarea și se amestecă untul sau margarina. Adăugați amestecul de drojdie și restul de apă călduță și amestecați pentru a obține un aluat mediu moale. Se framanta pana devine elastic si nu se mai lipeste. Se pune intr-un vas uns cu ulei, se acopera cu folie alimentara unsa (folie de plastic) si se lasa la loc caldut aproximativ 1 ora pana isi dubleaza volumul.

Se framanta din nou usor si se formeaza o bila cu o grosime de aproximativ 3 cm. Tăiați în semilune și puneți-le puțin depărtate, dar încă în forma lor rotundă inițială, pe o tavă unsă cu unt. Se acopera cu folie alimentara unsa cu ulei si se lasa la dospit aproximativ 30 de minute pana isi dubleaza volumul.

Coaceți într-un cuptor preîncălzit la 200°C/400°F/termostat 6 timp de 30 de minute, până când devine maro auriu și scobit când este bătut pe bază.

Pâine Pitta

Dă 6

15 g/½ oz drojdie proaspătă sau 20 ml/4 linguri. drojdie uscata

5 ml/1 lingurita. zahăr pudră (foarte fin)

½ pct/1 ¼ cană/300 ml apă călduță

450 g/1 lb/4 căni de făină tare (pâine).

5 ml/1 lingurita de sare

Se amestecă drojdia, zahărul și puțină apă caldă și se lasă la loc cald timp de 20 de minute până devine spumos. Amestecați amestecul de drojdie și apa caldă rămasă în făina și sare și amestecați pentru a forma un aluat tare. Se framanta pana se omogenizeaza si elastic. Se pune intr-un vas uns cu ulei, se acopera cu folie alimentara unsa (folie de plastic) si se lasa la loc caldut aproximativ 1 ora pana isi dubleaza volumul.

Se amestecă din nou și se împarte în șase părți. Formați ovale de aproximativ ¼/5 mm grosime și puneți-le pe o tavă de copt unsă. Se acopera cu folie alimentara unsa cu ulei si se lasa la dospit 40 de minute pana isi dubleaza volumul.

Coaceți în cuptorul preîncălzit la 230°C/450°F/termostat 8 timp de 10 minute până devin ușor aurii.

Pâine brună rapidă

Face două pâini de 1 lb/450 g

15 g/½ oz drojdie proaspătă sau 20 ml/4 linguri. drojdie uscata

½ pct/1 ¼ cană/300 ml lapte fierbinte și apă amestecate

15 ml/1 lingură melasă (melasă)

225 g/8 oz/2 căni de făină de grâu integral (grâu integral)

225 g/8 oz/2 căni de făină simplă (universal)

10 ml/2 lingurite sare

25 g/1 oz/2 linguri de unt sau margarină

15 ml/1 lingurita de grau crapat

Amestecați drojdia cu puțin lapte cald și apă și melasă și lăsați la loc cald până devine spumos. Se amestecă făina și sarea și se amestecă untul sau margarina. Faceți o adâncitură în centru și turnați amestecul de drojdie în el și amestecați până la un aluat tare. Se răstoarnă pe o masă cu făină și se frământă timp de 10 minute până când este omogen și elastic, sau se amestecă într-un robot de bucătărie. Modelați în două pâini și puneți-le într-o tavă de pâine unsă și tapetată cu unsoare de 450 g/1 lb. Ungeți blatul cu apă și stropiți cu grâu tocat. Acoperiți cu folie alimentară unsă (folie de plastic) și lăsați la loc cald aproximativ 1 oră până își dublează volumul.

Coaceți într-un cuptor preîncălzit la 240°C/475°F/termostat 8 timp de 40 de minute, până când pâinile sună goale când sunt bătute pe tava de copt.

Pâine moale de orez

Face o pâine de 900 g / 2 lb

75 g/3 oz/1/3 cană de orez cu bob lung

15 g/½ oz drojdie proaspătă sau 20 ml/4 linguri. drojdie uscata

Un praf de zahar

250 ml/8 fl oz/1 cană apă călduță

550 g/1¼ lb/5 cani de făină tare (pâine).

2,5 ml/½ linguriță de sare

Măsurați orezul într-o ceașcă și apoi turnați-l în oală. Adăugați de trei ori volumul de apă rece, aduceți la fierbere, acoperiți și fierbeți timp de aproximativ 20 de minute până când apa se absoarbe. Intre timp se amesteca drojdia cu zaharul si putina apa calduta si se lasa 20 de minute la loc caldut pana devine spuma.

Pune faina si sarea intr-un castron si facem o gaura in mijloc. Adăugați amestecul de drojdie și orezul fierbinte și amestecați pentru a forma un aluat moale. Se pune intr-un vas uns cu ulei, se acopera cu folie alimentara unsa (folie de plastic) si se lasa la loc caldut aproximativ 1 ora pana isi dubleaza volumul.

Frământați ușor, dacă aluatul este prea moale pentru a fi lucrat, adăugați puțină făină și modelați într-o tavă unsă de 900 g/2 lb. Se acopera cu folie alimentara unsa cu ulei si se lasa la odihnit la loc caldut timp de 30 de minute, pana cand aluatul iese din partea de sus a formei.

Coaceți în cuptorul preîncălzit la 230°C/450°F/termostat 8 timp de 10 minute, apoi reduceți temperatura cuptorului la 200°C/400°F/termostat 6 și coaceți încă 25 de minute până când se înmoaie. -sunete la atingerea bazei.

Pâine de orez și migdale

Face o pâine de 900 g / 2 lb

6 oz/¾ cană/175 g unt sau margarină, înmuiată

175 g/6 oz/¾ cană zahăr pudră (foarte fin)

3 oua, batute usor

100 g/4 oz/1 cană făină tare (pâine).

5 ml/1 linguriță praf de copt

Vârf de cuțit de sare

100 g/4 oz/1 cană orez albit

50 g/2 oz/½ cană migdale măcinate

15 ml/1 lingura de apa calduta

Bateți untul sau margarina și zahărul împreună până devine ușor și pufos. Bateți treptat ouăle, apoi amestecați ingredientele uscate și apa pentru a forma un aluat omogen. Se formează într-o tavă unsă de 900 g/2 lb și se coace într-un cuptor preîncălzit la 180°C/termostat 4 timp de 1 oră, până când se bate pe bază, până când devine maro auriu și gol.

Biscuiți crocanți

Dă 24

6 căni/1½ livre/675 g făină simplă (universal)

15 ml/1 lingura crema de tartru

10 ml/2 lingurite sare

400 g/14 oz/1¾ cani de zahar pudra (foarte fin)

250 g/9 oz/generoasă 1 cană unt sau margarină

10 ml/2 lingurite bicarbonat de sodiu (bicarbonat de sodiu)

250 ml/8 fl oz/1 cană zară

1 ou

Se amestecă făina, crema de tartru și sarea. Se amestecă zahărul. Frecați untul sau margarina până când amestecul seamănă cu pesmet și faceți o adâncitură în centru. Amestecați bicarbonatul de sodiu cu puțină zară și amestecați oul cu zara rămasă. Rezervați 30 ml/2 linguri. linguri de amestec de ouă pentru acoperirea biscuiților. Se amestecă ingredientele uscate rămase cu bicarbonat de sodiu și se amestecă într-un aluat tare. Împărțiți aluatul în șase părți egale și modelați cârnați. Aplatizați ușor și tăiați fiecare în șase bucăți. Se aseaza pe o tava de copt unsa (tort) si se unge cu amestecul de oua rezervat. Coaceți în cuptorul preîncălzit la 200°C/400°F/termostat 6 timp de 30 de minute până devin aurii.

www.ingramcontent.com/pod-product-compliance
Lightning Source LLC
Chambersburg PA
CBHW071837110526
44591CB00011B/1344